La Citoyenne Bonaparte

Nᵒ 65

Joséphine - Marie - Françoise Tascher de la Pagerie.
(D'après le tableau de Gérard.)

IMBERT DE SAINT-AMAND

La Citoyenne

Bonaparte

Édition spéciale dédiée à la Jeunesse

TOURS

MAISON ALFRED MAME ET FILS

LA CITOYENNE BONAPARTE

I

BONAPARTE EN ITALIE

Barras avait tenu parole, Bonaparte venait d'être nommé commandant en chef de l'armée d'Italie. Le 11 mars, il écrivait à Letourneur, président du Directoire, pour lui notifier son mariage, contracté l'avant-veille :

« J'avais chargé le citoyen Barras d'instruire le Directoire exécutif de mon mariage avec la citoyenne Tascher Beauharnais. La confiance que m'a montrée le Directoire dans toutes les circonstances me fait un devoir de l'instruire de toutes mes actions. C'est un nouveau lien qui m'attache à la patrie ; c'est un gage de plus de ma ferme résolution de ne trouver de salut que dans la République. — Salut et respect. »

Le même jour Bonaparte quitte Paris et laisse Joséphine rue Chantereine. Une seule chose le console de partir : le pressentiment qu'il va faire des prodiges, qu'il reviendra triomphant, acclamé, et qu'il éblouira sa compagne par les rayons d'une gloire qui rejaillira sur elle. Être admiré et être aimé, quel rêve ! Ce sentiment, qui inspirait les paladins de la chevalerie, électrise l'âme du futur vainqueur d'Arcole, ce poète en action. Il part, confiant dans son étoile, avec cette vigueur, cet entrain qui caractérisent les grands hommes aux belles heures de leur destinée.

Accompagné de son aide de camp Junot et de l'ordonnateur en chef Chauvet, il emportait avec lui quarante-huit mille francs d'or et cent mille francs de traites, qui furent en partie protestées. C'est avec ce faible secours que le nouveau général en chef devait conduire une armée, manquant de tout depuis longtemps, dans les plaines fertiles de la Lombardie. Il s'arrête chez le père de Marmont à Châtillon-sur-Seine. Le 14 mars, il était au relais de Chanceaux, d'où il adresse à Joséphine une lettre ainsi conçue :

« Je t'ai écrit de Châtillon, et je t'ai envoyé une procuration pour que tu touches différentes sommes qui me reviennent. Chaque instant m'éloigne de toi, et, à chaque instant, je trouve moins de force pour être éloigné de toi... Que mon génie, qui m'a toujours garanti au milieu des grands dangers, t'environne, te couvre, et je me livre au découvert. Ah ! ne sois pas gaie, mais un peu mélancolique, et surtout que ton âme soit exempte de chagrin comme ton corps de maladie. »

A cette époque, Bonaparte aimait sa femme beaucoup plus qu'il n'en était aimé. La *citoyenne Bonaparte* restait encore un peu troublée ; elle continuait à se demander à elle-même si l'homme au sort duquel sa destinée était unie serait un insensé ou un héros. A certains moments elle avait foi en lui ; à d'autres, elle doutait. La femme de l'ancien régime se disait :

« Ai-je bien fait d'épouser un ami de Robespierre, un général républicain ? »

En outre, ce caractère violent, étrange, lui inspirait plus d'étonnement que de sympathie. Il ne ressemblait en rien aux anciens courtisans de Versailles, types favoris de la vieille noblesse. Ce qui, en lui, devait un jour s'appeler du génie n'était encore que de la singularité. En somme, Joséphine ne se souciait pas beaucoup d'aller le rejoindre en Italie ; elle aimait le ruisseau de la rue Chantereine comme Mme de Staël aima le ruisseau de la rue du Bac. A Paris, elle était près de son fils, de sa fille, de ses parents, de ses amis, et elle se plaisait dans la société bigarrée mais brillante du Directoire, où sa grâce créole excitait l'admiration générale.

Cependant Bonaparte, arrivée à Nice, y avait pris, le 29 mars, le commandement en chef de l'armée d'Italie.

« On voyait, a dit le général de Ségur, cinquante-deux mille Austro-Sardes et deux cents canons bien pourvus de tout, contre trente-deux mille Français, sans solde, sans distribution, sans chaussures, manquant de la moitié de leurs effets qu'ils avaient vendus pour acheter ou du tabac ou quelque chétive nourriture. La plupart étaient même sans baïonnette. Ils n'étaient suivis que de soixante canons mal approvisionnés, attelés de mulets estropiés et rongés de gale, escortés de canonniers tous à pied et d'une cavalerie inutile, les cavaliers traînant leur monture plus qu'ils n'étaient traînés par elle. »

C'est à ces hommes que le jeune général adressa la fameuse proclamation :

« Soldats, vous êtes mal nourris et presque nus. Le gouvernement vous doit beaucoup, mais ne peut rien pour vous. Votre patience, votre courage vous honorent, mais ne vous procurent ni avantages ni gloire. Je vais vous conduire dans les plus fertiles plaines du monde; vous y trouverez de grandes villes, de riches provinces ; vous y trouverez honneur, gloire et richesse. Soldats d'Italie, manqueriez-vous de courage? »

Au moment de commencer cette merveilleuse campagne, où le succès paraissait impossible, tant la supériorité numérique des armées ennemies était grande, Bonaparte, si ardente que fût son ambition, n'oublie pas Joséphine. Avant le premier combat, il lui écrit, le 14 germinal (3 avril 1796) : « .... Que de pays, que de contrées nous séparent; que de temps avant que tu lises ces caractères!... Je suis à Port-Maurice, près Oneille; demain, je serai à Albenga. Les deux armées se remuent ; nous cherchons à nous tromper. Au plus habile la victoire. Je suis assez content de Beaulieu ; il manœuvre bien ; il est plus fort que son prédécesseur. Je le battrai, j'espère, de la belle manière. » Et le 7, il lui écrit d'Albenga : « Un souvenir de mon unique femme et une victoire du destin, voilà mes souhaits : un souvenir unique, entier, digne de celui qui pense à toi à tous les instants. »

Les « victoires du destin », elles vont se succéder, rapides, merveilleuses. Le 12 avril, c'est Montenotte ; le 14, Millesimo. Sur les hauteurs de Monte-Zemolo, l'armée aperçoit, tout à coup, à ses pieds la terre promise, les riches et fertiles plaines de l'Italie, avec leurs villes splendides, leurs fleuves nourriciers, leur culture magnifique. Les feux de l'aurore éclairent cette perspective incomparable. A l'horizon, les Alpes et leurs neiges éternelles apparaissent. Un cri de joie s'échappe de tous les rangs. Le jeune général s'écrie, montrant du doigt ses futures conquêtes :

« Annibal a franchi les Alpes, et nous, nous les avons tournées. »

Le 22 avril, victoire de Mondovi ; le 28, armistice de Cherasco avec le Piémont. Bonaparte adresse cette proclamation à ses troupes :

« Soldats, vous avez, en quinze jours, remporté six victoires, pris vingt et un drapeaux, cinquante pièces de canon, plusieurs places fortes, conquis la plus riche partie du Piémont ; vous avez fait quinze mille prisonniers, tué ou blessé dix mille hommes. Dénués de tout, vous avez suppléé à tout ; vous avez gagné des batailles sans canons, passé des rivières sans ponts, fait des marches forcées sans souliers, bivouaqué plusieurs fois sans pain ; les phalanges républicaines étaient seules capables d'actions aussi extraordinaires. Grâces vous en soient rendues, soldats ! »

Bonaparte envoie son frère Joseph et son aide de camp Junot à Paris. Le 5 floréal (24 avril 1796), il écrit à sa femme : « Mon frère te remettra cette lettre ; j'ai pour lui la plus vive amitié. Il obtiendra, j'espère, la tienne ; il la mérite. La nature l'a doué d'un caractère naturellement doux et inaltérablement bon ; il est tout plein de bonnes qualités. J'écris à Barras pour qu'on le nomme consul dans quelque port d'Italie. Il désire vivre éloigné avec sa petite femme du grand tourbillon et des grandes affaires ; je te le recommande. J'ai reçu tes lettres du 16 et du 21. Tu as été bien des jours sans m'écrire ; que fais-tu donc ? Viens vite ; je te préviens, si tu tardes, tu me trouveras malade. Les fatigues et ton absence, c'est trop à la fois. »

Désormais le plus ardent désir de Bonaparte, c'est de voir arriver sa femme. Il la supplie, il l'adjure de ne pas perdre un instant : « Tes lettres, ajoute-t-il, font le plaisir de mes journées, et mes journées heureuses ne sont pas fréquentes. Junot porte à Paris vingt-deux drapeaux. Tu dois revenir avec lui, entends-tu ?... Prends des ailes, viens, viens ! Mais voyage doucement. La route est longue, mauvaise, fatigante. Si tu allais verser ou prendre mal... Viens vivement... »

Bonaparte à l'armée d'Italie.

Le roi Joseph a raconté ainsi, dans ses *Mémoires*, son départ et de celui de Junot pour Paris : « Ce fut à Cherasco, le 5 floréal, que mon frère me donna la commission de faire prévaloir auprès des directeurs ses raisons pour la paix la plus rapprochée avec le roi de Sardaigne, afin d'isoler les Autrichiens en Italie. Il chargea son aide de camp Junot de présenter les drapeaux. Nous partîmes dans la même chaise de poste et arrivâmes à Paris cent vingt heures après notre départ de Nice. On se formerait difficilement une idée juste de l'enthousiasme qui animait les populations. Les membres du Directoire s'empressèrent à l'envi de nous témoigner leur satisfaction pour l'armée et pour son chef. Le directeur Carnot, à la fin d'un dîner auquel j'assistais chez lui, indigné des sentiments peu bienveillants pour le général Bonaparte que lui prêtaient ses ennemis, déclara devant vingt convives qu'ils le calomniaient, et, ouvrant son gilet, il montra le portrait du général qu'il portait sur son cœur, en s'écriant :

« — Dites à votre frère qu'il est là, parce que je prévois qu'il sera le sauveur de la France, et qu'il faut qu'il sache bien qu'il n'a, au Directoire, que des admirateurs et des amis. »

Murat, qui avait été expédié de Cherasco, en traversant le Piémont, pour porter le traité d'armistice à Paris, y était arrivé avant Joseph et Junot. Joséphine demanda à tous trois les détails les plus circonstanciés sur les succès de son mari. En quelques jours, il était passé de l'obscurité à la gloire. La citoyenne Bonaparte ne se repentait plus d'avoir cru à l'étoile de l'homme de vendémiaire, et déjà elle avait, en République, la situation d'une princesse, presque d'une reine.

II

LA FÊTE DES VICTOIRES

LA FÊTE DES VICTOIRES

La gloire de Bonaparte avait été, pour ainsi dire, instantanée. Le sentiment de Paris fut celui d'une profonde surprise. Joséphine, elle-même, s'étonnait de succès si rapides et si imprévus. On demandait partout des détails sur ce jeune homme dont on ne connaissait que le rôle dans la journée de Vendémiaire, et dont les origines étaient entourées de mystères ; c'est tout au plus si l'on savait comment se prononçait et comment s'écrivait son nom. De sa famille, de ses débuts, de sa fortune, de son caractère, le public ignorait tout. Mais aucun homme n'eut jamais, à un égal degré que Napoléon, l'art de faire parler de lui. Dès ses premières proclamations à son armée, dès ses premières dépêches au Directoire, on put constater cette merveilleuse science de l'effet, qui faisait du héros un artiste. Le Directoire allait, de ses propres mains, lui élever un piédestal.

D'abord le *Moniteur* publia, sans grand apparat, les succès de l'armée d'Italie. C'est à la dernière page

du numéro du 10 mai 1796 que figure le compte rendu
de la réception des drapeaux, cérémonie à laquelle
assistait Joséphine. Le *Moniteur* s'exprimait ainsi :
« Le Directoire a reçu aujourd'hui, dans une séance
publique, vingt et un drapeaux enlevés par les républicains français aux Autrichiens et aux Sardes, à
Millesimo, Dego et Mondovi. Le ministre de la guerre,
qui présentait l'officier général porteur de ces trophées, a prononcé un discours dans lequel il a rendu
hommage à la valeur de cette armée d'Italie qui, à
la gloire d'avoir fini la campagne par des victoires,
joint celle de l'ouvrir encore par des triomphes, pré-
curseurs d'une paix digne de la République Française.
L'officier général a parlé ensuite avec cet accent mâle
et ce ton modeste qui caractérisent les héros de la
liberté. Il a juré, au nom de ses compagnons d'armes,
qu'ils verseraient jusqu'à la dernière goutte de leur
sang pour la défense de la République, pour l'exécution des lois et le maintien de la Constitution de 1795.
Le président du Directoire a répondu avec une émotion qui rendait la dignité de ses paroles plus touchante. Il a offert une épée au brave militaire, et lui a
donné l'accolade fraternelle. Cette séance, qui n'a duré
qu'une demi-heure, présentait un spectacle imposant
et tout à la fois attendrissant. Les sons d'une musique
guerrière ajoutaient encore à cet enthousiasme général, qui s'est souvent manifesté par des cris de : Vive
la République ! »

Dans ses Mémoires, la duchesse d'Abrantès parle

de l'effet que produisirent Mme Bonaparte et Mme Tallien, dont la présence fut l'un des principaux ornements de cette fête patriotique. « Mme Bonaparte, dit-elle, était encore charmante dans ce temps-là… Quant à Mme Tallien, elle était alors dans la fleur de son admirable beauté. Toutes deux étaient mises avec cette recherche antique qui constituait l'élégance du temps, et avec toute la richesse que pouvait comporter une toilette du milieu de la journée. On peut penser que Junot ne fut pas médiocrement fier de donner le bras à ces deux charmantes femmes, lorsque, la réception terminée, ils quittèrent le Directoire. Junot avait alors vingt-cinq ans : il était beau garçon et avait surtout une tournure militaire fort remarquable : il portait, ce jour-là, un magnifique uniforme de colonel de hussards (l'uniforme de Bercheny), et tout ce que la richesse d'un tel costume peut ajouter à sa bonne grâce avait été enployé pour que le jeune et brave messager, encore pâle des blessures dont le sang avait taché ces drapeaux, fût digne de l'armée qu'il représentait. En sortant, il offrit son bras à Mme Bonaparte, qui, étant femme de son général, avait droit au premier pas, surtout dans cette solennelle journée ; il donna l'autre à Mme Tallien, et descendit ainsi avec elles l'escalier du Luxembourg. » Junot, en colonel de hussards, ayant à un bras Joséphine, à l'autre Mme Tallien, et apparaissant sur l'escalier du palais de Marie de Médicis, ne serait-ce pas un joli sujet pour un tableau de genre?

La duchesse d'Abrantès décrit le mouvement de
la foule, avide de contempler le jeune héros et les
deux beautés à la mode. « La foule, dit-elle, était
immense. On se pressait, on se heurtait pour mieux
voir. — Tiens, c'est sa femme!... C'est son aide de
camp! Comme il est jeune!... Et elle donc, comme
elle est jolie! Vive le général Bonaparte! s'écriait le
peuple. Vive la citoyenne Bonaparte! elle est bonne
pour le pauvre monde! »

Le poète Arnault, dans ses *Souvenirs d'un sexagénaire*, rappelle également l'effet que produisit la beauté
de Joséphine dans cette solennité où Mme Bonaparte
partageait le sceptre de la vogue avec Mme Tallien et
Mme Récamier. « Entre ses deux rivales, quoiqu'elle
eût moins d'éclat et de fraîcheur qu'elles, grâce à la
régularité de ses traits, à l'élégante souplesse de sa
taille, à la douce expression de sa physionomie, elle
était belle aussi. Je les vois encore toutes les trois,
dans la toilette la plus propre à faire valoir leurs
divers avantages et la tête couronnée des plus belles
fleurs, par un des plus beaux jours de mai, entrer
dans le salon où le Directoire devait recevoir les drapeaux; on eût dit les trois mois de printemps réunis
pour fêter la victoire. » Le jeune poète, qui eut plus
d'une fois l'honneur de servir de cavalier à Joséphine,
fut tout fier d'assister, avec elle et Mme Tallien, à la
première représentation du *Télémaque* de Lesueur au
théâtre Feydeau :

« J'en conviens, dit-il, ce n'était pas sans quelque

orgueil que je me voyais entre les deux femmes les plus remarquables de l'époque ; ce n'est même pas sans quelque plaisir que je me le rappelle... Ce n'est pas Tallien que j'aurais aimé dans sa femme, mais c'était bien sûrement Bonaparte que j'admirais dans la sienne. »

Bonaparte passait alors pour un parfait républicain. Il avait écrit au Directoire, le 6 mai :

« Rien, depuis longtemps, ne peut ajouter à l'estime et au dévouement que je montrerai dans toutes les occasions pour la Constitution et le Gouvernement. Je l'ai vu s'établir au milieu des passions les plus dégoûtantes, toutes tendant également à la destruction de la République et de l'empire français ; j'ai même été de quelque utilité, par mon zèle et les circonstances, à ses premiers pas. Ma devise sera toujours celle de mourir pour le soutenir. »

Les directeurs pensèrent qu'un général qui témoignait pour les idées républicaines un enthousiasme si ardent, devait recevoir tous les encouragements, tous les éloges. Ne soupçonnant pas encore la conduite future du vainqueur, ils voulurent, pour ainsi dire, se parer de ses victoires et les faire tourner à la gloire de leur gouvernement. Aussi la cérémonie du 10 Mai leur sembla-t-elle insuffisante ; ils décidèrent que les solennités nouvelles auraient bien plus d'éclat et de retentissement. Ce fut précisément le 10 mai 1796, jour où le Directoire reçut officiellement les drapeaux des premières victoires, que Bonaparte gagna la bataille de Lodi, qui devait produire une impression si vive sur l'imagination populaire. On ne pensa plus qu'au pont où, malgré tous les feux ennemis qui éclataient, convergeaient et se rencontraient sur ce long et étroit passage, le jeune héros avait conduit ses grenadiers au pas de course. On le disait invulnérable, invincible.

Le 15 mai, il faisait son entrée triomphale à Milan.

Le Directoire était enthousiasmé. Son commissaire à l'armée d'Italie, Salicetti, lui avait écrit le 11 mai :

« Citoyens directeurs, gloire immortelle à la brave armée d'Italie ! Reconnaissance au chef sagement audacieux qui la dirige ! La journée d'hier sera célébrée dans les fastes de l'histoire et de la guerre... La colonne de républicains formée, le général Bonaparte parcourut les rangs. Sa présence enthousiasma le soldat. Il fut accueilli aux cris mille fois répétés de : Vive la république ! Il fit battre la charge, et la troupe, avec la rapidité de l'éclair, s'élança sur le pont ! »

Pour célébrer les triomphes nouveaux, le Directoire organisa une fête moitié patriotique, moitié mythologique, fête plus païenne que chrétienne, où les réminiscences de Plutarque se joignaient à celles de Jean-Jacques Rousseau, et où on retrouvait, avec le sentiment héroïque de l'époque, son goût pour la déclamation et sa passion de l'hyperbole.

La *Fête de la Reconnaissance et des Victoires* (tel était son nom officiel) fut célébrée au Champ-de-Mars, le 10 prairial an IV (29 mai 1796). Au centre du Champ-de-Mars, dit aussi Champ-de-la-Réunion, une plate-forme de douze pieds de haut avait été élevée. On y arrivait par quatre rampes de soixante pieds de largeur chacune. Au bas des rampes étaient des lions, « symbole de la force, du courage et de la générosité, » dit le *Moniteur*. La ligne circulaire, qui traçait les limites de l'emplacement destiné à la cérémonie, était formée par des canons servant de barrières. Des insignes militaires comblaient les vides entre les canons. Des guirlandes en forme de festons liaient ensemble ces insignes ; sur un piédestal apparaissait, au milieu de trophées, la statue de la Liberté s'appuyant, d'une main, sur la Constitution et tenant, de l'autre, une baguette surmontée du bonnet de Guillaume Tell. On brûlait des parfums dans quatre trépieds antiques, placés autour de la statue. A côté, s'élevait un grand arbre où étaient suspendus les drapeaux pris à l'ennemi. Tout près, apparaissaient les Victoires, sous la figure de Renommées. Chacune d'elles tenait d'une main une palme et de l'autre une trompette guerrière. Enfin il y avait, sur un autel, des couronnes de chêne et de laurier que les directeurs allaient distribuer au nom de la patrie reconnaissante.

A dix heures du matin, une salve d'artillerie annonça le commencement de la fête. Les talus du Champ-de-Mars étaient garnis de tentes. La garde nationale parisienne, en armes et avec ses drapeaux, se présenta, divisée en quatorze sections, qui représentaient les quatorze armées de la République. A chacune de ces sections étaient joints un certain nombre de vétérans, invalides ou soldats blessés, qu'on avait pris soin de placer dans la section représentant l'armée où ils avaient reçu leurs blessures. Carnot prit la parole, comme président du Directoire. Son discours fut une églogue guerrière. L'ancien membre du Comité de salut public célébra la gloire des combats sur un mode pastoral. Il embouchait tour à tour le pipeau et la trompette. Peu de documents reflètent aussi bien les idées d'alors que ce discours à la fois humanitaire et militaire, qui commence ainsi :

« C'est au moment où la nature semble renaître, où la nature, se parant de fleurs et de verdure, nous promet de belles moissons, où tous les êtres publient dans leur langage l'intelligence bienfaisante qui renouvelle l'univers, que le peuple français vient, dans cette fête solennelle, rendre un éclatant hommage aux talents et aux vertus aimées de la patrie et de l'humanité. Eh! quel jour peut mieux réunir tous les cœurs? Quel citoyen, quel homme peut être étranger au sentiment de la reconnaissance? Nous n'existons que par une longue suite de bienfaits, et notre vie n'est qu'un échange continuel de services. Faibles, sans appui, l'amour de nos parents veille sur notre enfance. Ils guident nos premiers pas; leur patiente sollicitude aide au développement de nos organes; nous en recevons les premières notions de ce qui est en nous-mêmes et de ce qui est hors de nous. »

Cette exorde est suivie d'un éloge en règle de la sensibilité, la *sensibilité*, ce mot à la mode, que les plus cruels Terroristes, et Robespierre lui-même, avaient prononcé avec tant d'emphase !

« La sensibilité, disait Carnot, ne se resserre pas dans le cercle d'une famille : elle va chercher l'indigent sous le chaume ; elle verse dans son sein les secours et la consolation et, déjà payée du bienfait par le sentiment du bienfait même, elle l'est encore par la reconnaissance. Humanité ! que ta pratique est délicieuse, et qu'elle est à plaindre l'âme avide qui ne te connaît pas ! »

Après ce dithyrambe, venaient les descriptions martiales, comme après la harpe le clairon :

« Une République naissante arme ses enfants pour défendre son indépendance ; rien ne peut retenir leur impétuosité ; ils traversent les fleuves, forcent les retranchements, gravissent les rochers. Ici, après une foule de victoires, ils reculent nos limites jusqu'aux barrières que la nature nous a données, et poursuivent sur les glaces les débris de trois armées ; là, ils vont exterminer des hordes de traîtres et les brigands vomis par l'Angleterre, punissent les chefs coupables et rendent à la République des frères trop longtemps égarés ; ici, franchissant les Pyrénées, ils se précipitent de leur sommet, renversent tout ce qui s'oppose à leur élan, et ne sont arrêtés que par une paix honorable ; là, escaladant les Alpes et l'Apennin, ils s'élancent à travers le Pô et l'Adda ;

l'ardeur du soldat est secondée par le génie et l'audace des chefs ; ils conçoivent avec profondeur, ils exécutent avec énergie, tantôt disposant de leurs forces avec calme, tantôt se précipitant au milieu des dangers à la tête de leurs frères d'armes. »

Carnot terminait son discours par un hommage rendu aux soldats de la République :

« Recevez, s'écriait-il, recevez le témoignage solennel de la reconnaissance nationale, armées républicaines !... Pourquoi ne reste-t-il plus que votre souvenir, héros morts pour la liberté ? Vous vivrez du moins à jamais dans nos cœurs ; vos enfants nous seront chers. La République acquittera, sur eux, ses dettes envers vous ; et nous venons ici payer la première, en proclamant votre gloire et sa reconnaissance. Armées républicaines, figurées dans cette enceinte par une portion de vous-mêmes, phalanges invincibles, dont j'aperçois de tous côtés les trophées, dont j'entrevois dans l'avenir les nouveaux succès, avancez et recevez les couronnes triomphales que le peuple français nous ordonne d'attacher à vos drapeaux. »

Après la fête, on dansa au Champ-de-Mars jusqu'à la chute du jour. Le soir, il y eut un grand banquet républicain, où l'on chanta un hymne patriotique, composé pour la circonstance par le poète Lebrun, « Lebrun Pindare », comme on l'appelait alors.

Nous venons de voir ce qui se faisait à Paris. Que se passait-il à Milan ?

III

L'ENTRÉE DE BONAPARTE A MILAN

III

L'ENTRÉE DE BONAPARTE A MILAN

Quelle fougue, quelle ardeur, quel entrain dans cette jeune et vaillante armée d'Italie ! Tout est jeune : le général en chef, les officiers, les soldats, les idées, les sentiments, les espérances. Quelle fière et libre allure dans ces petits méridionaux, au teint bruni par le soleil, à la physionomie pétillante d'esprit et de malice, à l'œil de feu ! Ils ont les qualités de la Révolution française sans en avoir les défauts. Ils sont braves et bons, terribles et généreux, superbes dans le combat ; aimables, gais, spirituels, le lendemain de la victoire. Pleins d'imagination, un peu hâbleurs, un peu vantards, mais si admirables d'héroïsme, d'abnégation, de désintéressement ; ils n'ont pas d'ambition pour eux-mêmes, ils n'en ont que pour leur patrie. Ils ne se soucient ni des grades ni de l'argent. Ils ignorent la jalousie. Pour eux la carrière des armes n'est pas un métier, c'est une vocation,

une passion. Bonaparte s'est écrié après ses premiers
succès :

« Avec vingt mille hommes pareils, on traverserait
l'Europe entière. »

Un grenadier gascon a repris :

« Que le petit caporal nous mène toujours de ce
train-là, et je lui promets qu'il ne nous verra jamais
en arrière. »

Depuis les légionnaires de César, rien de compa·
rable à ces soldats :

> Pieds nus, sans pain, sourds aux lâches alarmes,
> Tous à la gloire allaient du même pas.

Mais les voilà à Milan, dans cette ville qui leur
paraît la terre promise ; les voilà bien nourris, bien
vêtus, bien chaussés. A l'horizon, c'est l'immense
chaîne des Alpes dont les sommets, depuis le mont
Viso et le mont Rose jusqu'aux montagnes de Bassano, restent toute l'année couverts de neige. L'air
est si pur, si limpide, que les parties les plus rappro-
chées de cette merveilleuse chaîne des Alpes, quoique
distantes de douze ou quinze lieues, semblent à trois
lieues à peine. Les soldats contemplent avec ivresse
ce radieux panorama, ces riches campagnes de Lombardie, ce gigantesque mont Viso, qu'ils ont eu si
longtemps au-dessus de leur tête, et derrière lequel,
désormais, ils verront se coucher le soleil.

Bonaparte est entré à Milan le dimanche 15 mai 1796.
Il y a trouvé une garde nationale nombreuse, habil-

lée aux couleurs lombardes, vert, blanc et rouge.
Commandée par un grand seigneur de la ville, le duc
de Serbelloni, elle formait la haie sur son passage.
Les vivats faisaient retentir les airs. Des femmes
étaient aux fenêtres. Quand Bonaparte arriva à la
porte Romaine, la garde nationale baissa les armes
devant lui.

Précédé d'un gros détachement d'infanterie, et
entouré de sa garde de hussards, il s'avança jusqu'à
la place du palais archiducal, où il logea, et où l'on
servit un dîner de deux cents couverts. Un arbre de
la liberté fut planté sur la place, aux cris de :

« Vive la liberté! vive la République! »

Et la journée se termina par un bal très brillant où
plusieurs dames de la ville parurent avec les couleurs
nationales françaises.

Le même jour un des aides de camp de Bonaparte,
Marmont, le futur duc de Raguse, écrivait à son père :

« Mon tendre père, nous sommes aujourd'hui à Milan.
Notre entrée triomphale m'a donné l'idée de l'entrée
à Rome des anciens généraux romains, lorsqu'ils
avaient bien mérité de la patrie. Je doute que
l'ensemble de l'action offrît un coup d'œil plus beau
et plus ravissant. Milan est une très belle ville, très
grande et très peuplée. Ses habitants aiment les Français à la folie, et il est impossible d'exprimer toutes
les marques d'attachement qu'ils nous ont données...
On oublie toutes les fatigues d'une guerre aussi active
que celle-ci, quand la victoire en est le prix. Nos

succès sont vraiment incroyables. Ils éternisent à jamais le nom du général Bonaparte, et l'on ne peut pas se faire illusion, nous les lui devons. Tout autre, à sa place, aurait été battu, et il n'a couru que de triomphes en triomphes... Cette campagne est la plus belle et la plus brillante qui ait jamais été faite. Elle doit être écrite et lue. Elle est savante, et ceux qui pourront la comprendre en tireront bien parti. Voilà, mon tendre père, le tableau fidèle de notre situation. »

Le soir, Bonaparte disait à son aide de camp :

« Eh bien, Marmont, que croyez-vous qu'on dise de nous à Paris? Est-on content?

— L'admiration pour vous doit être à son comble.

— Ils n'ont encore rien vu, répliqua Bonaparte, et l'avenir nous réserve des succès bien supérieurs à ce que nous avons déjà fait... De nos jours personne n'a rien conçu de grand; c'est à moi d'en donner l'exemple. »

Un des grands mérites de Bonaparte fut de comprendre, sur-le-champ, ce qu'il pouvait faire avec des soldats aussi admirables que les siens. Les sociétés terre à terre comme la nôtre ne se rendent pas facilement compte de ces époques héroïques où le plus riche banquier était moins qu'un simple sous-lieutenant, où la bravoure était prisée mille fois plus haut que la richesse, où le sentiment militaire engendrait tous les jours des exploits fabuleux.

Les soldats de Bonaparte crurent en lui, et lui crut en ses soldats. C'est ce qui fit la force de cette

armée incomparable : elle avait la foi. Les Français
sont nés chevaliers. La République, loin de changer
leur caractère, ne fit que le rendre encore plus exalté.
Dès qu'ils eurent reçu le baptême du feu, les Jacobins se transformèrent en paladins; les sans-culottes
se trouvèrent des aspirations de Croisés. Les compagnons de Charlemagne ou de Godefroy de Bouillon
n'avaient été ni plus braves, ni plus amoureux. Quel
invincible élan dans cette chevalerie révolutionnaire,
noblesse d'un jour, qui rivalisait déjà avec les antiques
blasons et qui, applaudie avec enthousiasme par l'aristocratie milanaise, pouvait s'écrier fièrement, ainsi
que Bonaparte lui-même :

« On vieillit vite sur les champs de bataille ! »

Comme Stendhal sut bien la décrire, la glorieuse
pauvreté des héros de l'armée d'Italie, et comme elle
est caractéristique, l'anecdote qu'il raconte au sujet
d'un des plus beaux officiers de cette armée, M. Robert.
Arrivé à Milan le 15 mai au matin, M. Robert fut
invité à dîner par une marquise, pour le palais de
laquelle il avait reçu un billet de logement. Il fit
une toilette très soignée; mais ce qui lui manquait,
c'était une bonne paire de chaussures : les empeignes
seules lui restaient; il attacha soigneusement avec de
petites cordes ces empeignes, bien cirées par son
ordonnance, mais, je le répète, les semelles faisaient
absolument défaut. Reçu à merveille par la marquise,
le jeune officier craignit tant que sa pauvreté n'eût
été aperçue par les laquais en magnifique livrée qui

servaient à table, qu'en se levant il leur donna adroitement un écu de 6 francs ; c'est tout ce qu'il possédait au monde. Et cependant, depuis l'entrée à Milan, il y avait dans l'armée un bien-être inconnu. La ville donnait des habits neufs aux soldats ; ils mangeaient de bon pain, de bonne viande et buvaient d'excellents vins.

Le 16 mai, Bonaparte recevait le serment de la municipalité ; le soir, il y avait concert au théâtre de la Scala. Le 18, fête nationale annoncée par un avis daté de l'an Ier de la République lombarde. Le 19, illumination et affichage de cette proclamation signée par Bonaparte et par Salicetti :

« La République française, qui a juré la haine aux tyrans, a juré en même temps la fraternité aux peuples... Le despote, qui depuis si longtemps tenait la Lombardie sous le joug, a fait de grands maux à la France, mais les Français savent que la cause des rois n'est pas celle des peuples. Il est hors de doute que l'armée victorieuse d'un monarque insolent répandrait la terreur sur la nation soumise par ses victoires, mais une armée républicaine, forcée de faire une guerre à mort aux rois qu'elle combat, promet amitié aux peuples que ses victoires délivrent de la tyrannie. »

Bonaparte paraissait heureux, et cependant il souffrait. La veille de son entrée à Milan, — personne ne le savait autour de lui, -- il avait envoyé sa démission à Paris. On voulait diviser en deux l'armée d'Ita-

Entrée des Français à Milan.

lie, lui confier l'armée du sud et donner pour chef à celle du nord le général Kellerman.

Bonaparte comprit qu'une telle combinaison serait la destruction de tout son échafaudage de puissance et de gloire. Il écrivit au Directoire, le 14 mai, une lettre dans laquelle se trouvait ce passage : « Je crois très impolitique de diviser en deux l'armée d'Italie ; il est également contraire aux intérêts de la République d'y mettre deux généraux différents. J'ai fait la campagne sans consulter personne ; je n'eusse rien fait de bon, s'il eût fallu me concilier avec la manière de voir d'un autre. J'ai remporté quelques avantages sur des forces très supérieures, et dans un dénûment absolu de tout, parce que, persuadé que votre confiance se reposait sur moi, ma marche a été aussi prompte que ma pensée... Je sens qu'il faut beaucoup de courage pour vous écrire cette lettre ; il serait si facile de m'accuser d'ambition et d'orgueil. Mais je vous dois l'expression de mes sentiments. »

Le même jour, Bonaparte adressait à Carnot une lettre particulière qui se terminait ainsi :

« J'ai fort à cœur de ne pas perdre dans huit jours deux mois de fatigues, de peines et de dangers, et de ne pas me trouver entravé. J'ai commencé avec quelque gloire et je désire continuer d'être digne de vous. Croyez, du reste, que rien n'altérera l'estime que vous inspirez à ceux qui vous connaissent. »

Ainsi le vainqueur, au début même de sa carrière,

était menacé de se voir privé du commandement qu'il avait exercé avec tant d'éclat.

Cette préoccupation n'était peut-être pas celle qui agitait le plus son esprit. Il avait supplié sa femme de le rejoindre, et Joséphine ne venait pas. Voilà ce qui empoisonnait la joie de son triomphe.

IV

LA CITOYENNE BONAPARTE EN ITALIE

IV

LA CITOYENNE BONAPARTE EN ITALIE

Mme de Rémusat a dit : « Je devrais parler du cœur
de Bonaparte. Mais s'il était possible de croire qu'un
être, sur tout autre point semblable à nous, fût cependant privé de cette partie de notre organisation qui
nous donne le besoin d'aimer et d'être aimé, je dirais
qu'à l'instant de sa création son cœur pourrait fort
bien avoir été oublié ; ou bien peut-être est-il venu
à le comprimer complètement. Il s'est toujours fait
trop de bruit à lui-même pour être arrêté par un sentiment affectueux, quel qu'il fût. Il ignore à peu près
les liens du sang, les droits de la nature[1]... »

Sans doute l'ambition et la soif de la gloire finirent
par l'emporter dans l'âme de cet homme sur tous les
autres instincts, mais le jugement de Mme de Rémusat
nous paraît singulièrement exagéré. D'ailleurs, elle-
même l'atténue à une autre page de ses mémoires :

[1] *Mémoires de Mme de Rémusat.*

« Napoléon, dit-elle, a eu pour Joséphine quelque affection, et, s'il s'est ému quelquefois, nul doute que ce n'ait été pour elle et par elle. » Si haut qu'un mortel s'élève dans les régions de la toute-puissance, il ne peut se placer en dehors de l'humanité ; héros ou souverains ont besoin, tout comme les simples mortels, de se retremper aux sources des joies intimes ; une parole, un regard, un sourire peuvent parfois leur causer plus de bonheur que l'éclat des grandeurs et les enivrements de la victoire.

Nier les sentiments qui unissaient Bonaparte à Joséphine, en 1796, ce serait nier l'évidence. Tous ceux qui vécurent alors auprès de lui sont d'accord pour les constater. Bourrienne, Marmont, Lavalette en furent également frappés. Marmont a dit dans la partie de ses mémoires consacrée à la première campagne d'Italie : « Bonaparte, quelque occupé qu'il fût de sa grandeur, des intérêts qui lui étaient confiés et de son avenir, avait encore du temps pour se livrer à des sentiments d'une autre nature ; il pensait sans cesse à sa femme, il l'attendait avec impatience... » Habitué à faire tout plier devant sa volonté, il n'admettait pas plus la résistance de sa femme que celle de la victoire. Il appelait Joséphine ; Joséphine devait venir.

La nonchalante créole, peu préparée par M. de Beauharnais, à une volonté aussi impérieuse, en était moins charmée que surprise. Très flattée, sans doute, des premiers succès de Bonaparte, elle était néanmoins « plus occupée de jouir des triomphes de son mari au milieu de Paris que de venir le rejoindre[1]. » Il lui en coûtait beaucoup de quitter ses enfants, ses relations et cette vie mondaine qui convenait à sa nature bonne et gracieuse, mais légère et frivole. Elle s'amusait dans cette ville brillante qui, sans avoir repris tout son ancien éclat, était cependant pleine d'entrain et de charme.

Les théâtres, alors très animés, les salons qui commençaient à se rouvrir, le palais du Luxembourg dont les cinq directeurs avaient pris possession et où elle était traitée en souveraine, tout cela plaisait à Joséphine.

D'ailleurs, ses amis ne cessaient de lui répéter que sa place n'était pas en Italie, que la guerre n'était qu'à son début, qu'il fallait laisser le vainqueur tout entier à ses préoccupations belliqueuses, à ses plans de campagne, et qu'une jeune femme n'est faite ni pour les émotions des combats, ni pour le tumulte des camps.

M. Aubenas a dit : « On a fort critiqué Mme Bonaparte de n'avoir pas accouru dès le mois d'avril en Italie, au premier appel de son mari, avant sa victoire de Lodi et la soumission du Milanais. De bonne foi, il fallait être son glorieux époux, puisant dans son génie l'assurance de sa conquête, pour concevoir d'aussi hâtives exigences. Ce n'était certes pas la cou-

----

[1] *Mémoires de Marmont.*

tume, depuis le commencement des guerres de la
République, de voir les femmes de nos généraux
marcher à la suite des armées. La règle, fondée sur
des motifs faciles à concevoir, ne le voulait point et
la prudence s'y opposait. Nous ne prétendons pas
faire de Joséphine une femme taillée à l'antique, une
Romaine, une héroïne. S'embarquer ainsi dès le début
dans les fatigues et les incertitudes d'une grande
guerre, bivouaquer même dans des villes italiennes,
faire campagne, en un mot, c'était trop demander à
cette nature créole chez laquelle, si la nonchalance
était une grâce, elle était aussi un défaut[1]. »

Bonaparte n'admettait point de pareils obstacles.
Pour décider sa femme à le rejoindre, il lui écrivait
lettre sur lettre, toutes plus pressantes les unes que
les autres. Arnauld raconte que Joséphine lui fit lire
une de ces lettres au moment où elle venait de la recevoir. Il ajoute : « Je l'entends encore dire avec son
accent créole, en souriant : « *Il est drôle, Bonaparte.* »
Joséphine ne prenait pas au tragique les supplications
de son époux; cependant une lettre vraiment élo-
quente qu'il lui envoie de Tortone, le 15 juin 1796,
la décide enfin à partir. Le souffle déclamatoire de
Jean-Jacques Rousseau a peut-être un peu passé par
là, mais il y a néanmoins dans ce style volcanique
quelque chose d'émouvant et de vrai, des accents
convaincus et sincères.

[1] Aubenas, *Histoire de l'impératrice Joséphine.*

Bonaparte apprend que Joséphine est malade ; sa lettre datée de « Tortone, midi, le 27 prairial an IV de la République » finit ainsi : « Qui est-ce qui a soin de toi? J'imagine que tu as fait appeler Hortense ; j'aime mille fois plus cette aimable enfant depuis que je pense qu'elle peut te consoler un peu. Quant à moi, point de consolation, point de repos, point d'espoir, jusqu'à ce que j'aie reçu le courrier que je t'expédie et que, par une longue lettre, tu m'expliques ce que c'est que ta maladie et jusqu'à quel point elle doit être sérieuse. Si elle est dangereuse, je t'en préviens, je pars de suite pour Paris... J'ai été toujours heureux ; jamais mon sort n'a résisté à ma volonté, et aujourd'hui je suis frappé dans ce qui me touche uniquement... Sans appétit, sans sommeil, sans intérêt pour l'amitié, pour la gloire, pour la patrie, toi, toi, et le reste du monde n'existe pas plus pour moi que s'il était anéanti. Je tiens à l'honneur, puisque tu y tiens, à la victoire, puisque cela te fait plaisir, sans quoi j'aurais tout quitté pour me rendre à tes pieds. »

Joséphine, complètement rétablie, finit par céder ; mais, toujours au dire d'Arnault, « son chagrin fut extrême quand elle vit qu'il n'y avait plus moyen de reculer. Pensant plus à ce qu'elle allait quitter qu'à ce qu'elle allait trouver, elle aurait donné le palais préparé à Milan pour la recevoir, elle aurait donné tous les palais du monde pour sa maison de la rue Chantereine, pour la petite maison qu'elle venait d'acheter à Talma... C'est du Luxembourg qu'elle parlit pour l'Italie, après y avoir soupé avec quelques amis au nombre desquels je me trouvai... Pauvre femme! elle fondait en larmes, elle sanglotait comme si elle allait au aupplice; elle allait régner. »

Le passeport délivré par le Directoire à la « citoyenne Bonaparte » portait la date du 24 juin 1796. Quelques jours après, elle arrivait à Milan, où elle faisait son entrée dans une voiture où se trouvaient son beau-frère Joseph, Junot, aide de camp de son mari, et un jeune officier nommé Hippolyte Charles, capitaine adjoint à l'adjudant général Leclerc. Le duc de Serbelloni, qui avait été à sa rencontre à la porte de la ville, la suivait dans une seconde voiture. Malheureusement, quand elle arriva, Bonaparte était en expédition, et ce ne fut qu'au bout de quelques jours qu'ils eurent la joie de se revoir. Marmont, envoyé au-devant de Joséphine, témoin des égards qui lui furent prodigués, à son passage, par la cour de Sardaigne, dit, à propos de la réunion des deux époux : « Une fois à Milan, le général Bonaparte fut très heureux; car alors il ne vivait que pour sa femme. »

La situation de Bonaparte était bien changée, depuis qu'il avait quitté Joséphine. Elle dut être, elle-même, étonnée du prestige qu'il exerçait autour de lui. Que de résultats obtenus! Quelles allures victorieuses! Quel ton de supériorité! Peu de princes, peu de souverains avaient une si fière attitude. L'archiduc, qui gouvernait la Lombardie quelques semaines auparavant, était bien loin d'avoir une telle autorité. Bonaparte n'habitait pas le palais archiducal, afin de ne pas éveiller les susceptibilités républicaines du Directoire, mais il avait une résidence vraiment princière, le palais du **grand seigneur milanais**, du patriote, le duc de Serbelloni.

Bonaparte venait de traiter d'égal à égal avec le roi de Sardaigne, le pape, le duc de Modène, le grand-duc de Toscane. Venise et Gênes comprimées par la force et la politique, Rome et Naples attachées à la coalition, la haute Italie affranchie du joug autrichien, les plus célèbres chefs-d'œuvre de l'antiquité envoyés comme dépouilles opimes à Paris : que de miracles accomplis en quelques jours !

Depuis les Alpes jusqu'à l'Adriatique, depuis les montagnes du Tyrol jusqu'au Vésuve, toute la péninsule retentissait du bruit de son nom. Mais il fallait soutenir ce rôle éclatant. Il fallait conserver cette gloire si rapidement acquise. L'Autriche levait des armées bien supérieures en nombre à celle qui lui était opposée. Le pape et la cour de Naples formaient les vœux les plus ardents pour le succès des Autrichiens. Au moindre revers du jeune vainqueur, tout cet échafaudage de puissance, si glorieusement construit, s'écroulerait comme un château de cartes.

Les idées libérales n'étaient encore qu'à la surface de l'Italie. Les profondeurs étaient réactionnaires. Il ne fallait compter ni sur Venise, dont la vieille aristocratie était au comble de l'inquiétude, ni sur le roi de Sardaigne, qui devait désirer une revanche, ni sur le roi de Naples, dont la femme était sœur de la reine Marie-Antoinette, ni sur le grand-duc de Toscane, qui était un archiduc d'Autriche, ni sur la République de Gênes, dont l'Angleterre soutenait l'oligarchie, ni sur le pape, qui ne voyait pas sans effroi une armée composée de jacobins.

En résumé, tout était encore à faire; à peine avait-il eu la joie de revoir sa femme, que Bonaparte dut la quitter et retourner à la guerre. Il eut la prétention de s'y faire suivre par Joséphine. C'était là une véritable innovation, mais il ne consentait à imiter personne : Bonaparte ne relevait que de lui-même.

Parti de Milan pour tâcher d'emporter Mantoue avant l'arrivée de l'armée commandée par Wurmser, il écrivait de Roverbella, le 6 juillet 1796, à Joséphine, qui était restée dans la capitale de la Lombardie : « J'ai battu l'ennemi. Kilmaine t'enverra la copie de la relation. Je suis mort de fatigue. Je te prie de partir tout de suite pour te rendre à Vérone; j'ai besoin de toi, car je crois que je vais être bien malade. »

Cinq jours après, il n'était pas malade : nouvelle lettre datée de Vérone : « A peine parti de Roverbella, j'ai su que l'ennemi se présentait à Vérone. Masséna faisait des dispositions qui ont été très heureuses. Nous avons fait six cents prisonniers et nous avons pris trois pièces de canon. Le général Brune a eu sept balles dans ses habits sans avoir été touché par aucune : c'est jouer de bonheur. Je me porte très bien. Nous n'avons eu que dix hommes tués et cent blessés. »

Le 17 juillet, Bonaparte adressait de Marmirolo à Joséphine une autre épître : « Je te suis obligé de la peine que tu as prise de me donner de tes nouvelles, ta santé doit être meilleure aujourd'hui ; je suis sûr que tu es guérie. Je t'engage fort à monter à cheval, cela ne peut manquer de te faire du bien. Depuis que je t'ai quittée, j'ai toujours été triste, mon bonheur est d'être près de toi... Quand, libre de toute inquiétude, de toute affaire, pourrai-je passer tous mes instants près de toi, n'avoir qu'à t'aimer et ne penser qu'au bonheur de te le dire et de te le prouver ? Je t'enverrai ton cheval, mais j'espère que tu pourras bientôt me rejoindre. »

Le 18 juillet, lettre encore datée de Marmirolo : « J'ai passé toute la nuit sous les armes. J'aurais eu Mantoue par un coup hardi et heureux, mais les eaux du lac ont promptement baissé, de sorte que ma colonne, qui était embarquée, n'a pas pu arriver. Ce soir, je recommence d'une autre manière... Je reçois une lettre d'Eugène que je t'envoie. Je te prie d'écrire, de ma part, à ces aimables enfants et de leur envoyer quelques bijoux. Assure-les bien que je les aime comme mes enfants. Ce qui est à toi ou à moi se confond tellement dans mon cœur, qu'il n'y a aucune différence. Je suis fort inquiet de savoir comment tu te portes, ce que tu fais. J'ai été dans le village de Virgile, sur les bords du lac, au clair argentin de la lune, et pas un instant sans songer à Joséphine ! »

Michelet, dans son volume intitulé : *Jusqu'au 18 Brumaire*, a fait, au sujet de cette phrase, la réflexion suivante : « Lors du siège de Mantoue, Bonaparte dit à Joséphine, dans une lettre sentimentale et calculée sur le goût de l'époque, qu'en pensant à elle, rêveur et mélancolique, il a été, au clair de lune, voir, sur le lac, le village de Virgile. Là, sans doute, il prit l'idée de la fête du grand poète, qu'il fit plus tard, et qui le recommanda fort à la société, élevée dans ce culte classique. On voit dans des gravures le héros d'Italie auprès du tombeau de Virgile, et ombragé de son laurier. »

Il y avait, malgré tout, en Napoléon, un côté tendre et sentimental. « La nature, a dit le duc de Raguse dans ses *Mémoires*, lui avait donné un cœur reconnaissant et bienveillant, je pourrais même dire sensible. Cette assertion contrariera des opinions établies, mais injustes. Sa sensibilité s'est assurément bien émoussée avec le temps ; mais, dans le cours de mes récits, je raconterai des faits, je donnerai des preuves incontestables de la vérité de mon opinion. »

Napoléon aimait la poésie. C'est lui qui a dit à Sainte-Hélène :

« L'imagination gouverne le monde. »

Rien, en fait de littérature, ne lui semblait assez élevé, assez idéal. Toute son enfance s'était passée dans des méditations ardentes sur les poètes et les grands hommes : Homère, Alexandre, Virgile, César, Plutarque ; il avait le goût du grand, et le style de ses proclamations ou de ses bulletins répond à celui de ses lettres.

Il écrivait, toujours de Marmirolo, le 19 juillet : « Il y a deux jours que je suis sans lettres de toi. Voilà trente fois aujourd'hui que je me suis fait cette observation ; tu sens que cela est bien triste... Nous avons attaqué hier Mantoue. Nous l'avons chauffée, avec deux batteries à boulets rouges et des mortiers. Toute la nuit, cette misérable ville a brûlé. Ce spectacle était horrible et imposant. Nous nous sommes emparés de plusieurs ouvrages extérieurs, nous ouvrons la tranchée cette nuit. Je vais partir pour Castiglione demain après le quartier général et je compte y coucher. J'ai reçu un courrier de Paris. Il y avait deux lettres pour toi ; je les ai lues. Cependant, bien que cette action me paraisse toute simple et que tu m'en aies donné la permission l'autre jour, je crains que cela ne te fâche, et cela m'afflige bien. J'aurais voulu les recacheter. Fi ! ce serait une horreur. Si je suis coupable, je te demande grâce... Je voudrais que tu me donnasses permission entière de lire tes lettres ; avec cela il n'y aurait plus de remords ni de crainte. »

De Castiglione, Bonaparte écrivait à Joséphine, le 21 juillet : « J'espère qu'en arrivant ce soir, je recevrai une de tes lettres. Tu sais, ma chère Joséphine, le plaisir qu'elles me font, et je suis sûr que tu te plais à les écrire. Je partirai cette nuit pour Peschiera, pour Vérone, et de là j'irai à Mantoue, et peut-être à Milan... J'espère que tu seras parfaitement rétablie alors, et que tu pourras m'accompagner à mon quartier général pour ne plus me quitter. »

Mais Wurmser approchait. Bonaparte ne pouvait aller chercher Joséphine à Milan. Il la décida donc à le rejoindre, par cette lettre datée de Castiglione, le 22 juillet : « Les besoins de l'armée exigent ma présence dans ces environs ; il est impossible que je puisse m'éloigner jusqu'à venir à Milan, il me faudrait cinq ou six jours, et il peut arriver, pendant ce temps-là, des mouvements où ma présence pourrait être urgente ici. Tu m'assures que ta santé est bonne ; je te prie, en conséquence, de venir à Brescia. J'envoie à l'heure même Murat pour t'y préparer un logement dans la ville, comme tu le désires.... J'ai à Milan une voiture à la fois de ville et de campagne, tu te serviras de celle-là pour venir. Porte avec toi ton argenterie et une partie des objets qui te sont nécessaires. Voyage à petites journées et pendant le frais, afin de ne pas te fatiguer. La troupe ne met que trois jours pour se rendre à Brescia. Il y a en poste pour quatorze heures de chemin. Je t'invite à coucher le 6 (thermidor) à Cassano ; je viendrai à ta rencontre le 7, le plus loin possible... »

En appelant sa femme auprès de lui, en pleine guerre, entre deux batailles, Bonaparte semblait faire une chose insensée. Et pourtant, — tout lui réussissait alors, — il fut peut-être redevable de son salut à cette résolution en apparence injustifiable. Joséphine était comme son bon ange. On peut dire que, pendant toute sa carrière, quand elle était auprès de lui, il obtenait toujours des succès merveilleux. Un joueur, et la politique est un jeu, dirait qu'elle lui portait bonheur.

Joséphine fut fidèle au rendez-vous que son mari lui donnait à Brescia. Mais à peine les deux époux étaient-ils réunis dans cette ville, que le 28 juillet ils durent s'en éloigner. Wurmser, apprenant la situation critique de Mantoue, avait hâté son mouvement de huit à dix jours, ce qui força l'armée française à précipiter le sien.

Le général de Ségur a dit dans ses *Mémoires* : « Pour mieux se figurer le désordre, le péril extrême où l'attaque double et simultanée de Wurmser jeta d'abord Bonaparte, écoutons Joséphine elle-même se complaisant, depuis, à nous raconter comment, dans les premiers moments de cette irruption, tranquille encore avec lui dans Brescia, elle vit le provéditeur s'efforcer, par l'offre d'une fête, de les retenir dans cette ville une nuit de plus. Ce fut elle, m'a-t-elle dit, qui s'y refusa si obstinément qu'elle décida Bonaparte à partir à l'instant même. Cette heureuse inspiration les sauva. Ils n'étaient pas à quatre lieues de Brescia, que les Autrichiens, de concert avec le provéditeur, y pénétraient de vive force. Bonaparte, surpris au milieu de la fête, y devait être ou tué ou enlevé prisonnier de guerre. »

Le lendemain, Joséphine ne fut pas moins utile à son époux. Au point du jour, tous deux, n'ayant pas plus de vingt hommes d'escorte, arrivèrent à un château situé très près de Vérone. Ils y furent assaillis par d'autres ennemis descendant de l'Adige. Les yeux de Joséphine, plus perçants que ceux de Bonaparte, lui avaient montré ce nouveau danger, que son mari, en la renvoyant sur les bords du lac de Garde, s'imagina lui faire éviter. Mais là, au contraire, d'autres coups de fusil l'accueillirent : ceux d'une flottille ennemie, maîtresse du lac. Alors, abandonnant sa voiture, elle monta à cheval et s'enfuit dans la direction de Peschiera, où Bonaparte, averti, l'envoya chercher. Elle le rejoignit à Castiglione. A chaque instant elle rencontrait des soldats blessés dans les engagements qui préludaient aux grandes batailles.

Bonaparte, la voyant ainsi en danger, se décida à lui faire reprendre la route de Brescia. Mais Joséphine se trouva arrêtée par une division ennemie déjà parvenue à Ponte-Marco et se dirigeant vers Lonato. Elle fut obligée de revenir sur ses pas et de regagner Castiglione, où Bonaparte était encore. Alors, dit le *Mémorial de Sainte-Hélène,* « dans l'inquiétude, dans l'agitation du moment, la crainte la saisit et elle pleura beaucoup. » Bonaparte, apprenant que les Autrichiens étaient entrés à Brescia et que les communications avec Milan se trouvaient ainsi coupées, envoya sa femme dans l'Italie centrale, en la faisant passer devant Mantoue, dont les Français continuaient le siège. Ému de la douleur qu'elle témoignait en le quittant :

« Wurmser, s'écria-t-il, me payera cher les pleurs qu'il te cause ! »

C'est au moment où Bonaparte vit pleurer Joséphine que la tendresse, l'ambition, l'orgueil, la soif de la victoire s'emparèrent de son âme, et donnèrent à son génie un élan, un essor, un développement inouïs. Il se disait :

« Je la reverrai, et je la reverrai triomphant. »

Il devait donc vaincre à tout prix. Il voulait vaincre pour la France, il voulait vaincre pour Joséphine.

Ce jour-là, il ne douta pas un instant de la fortune. Il crut plus que jamais à son étoile. Une voix secrète lui disait : « Va ! » Joséphine elle-même dut se sentir rassurée par le regard d'aigle de son époux. Il allait faire des miracles.

Cependant elle fuyait, obligée de longer, en voiture et de très près, le siège de Mantoue. On tira sur elle, et quelqu'un de sa suite fut atteint. Le général de Ségur raconte, d'après le récit qu'elle-même lui fit, qu'en passant à portée de cette ville, les feux de la place la forcèrent de se réfugier dans une chapelle. Un soldat courut l'en arracher, lui montrant les canons autrichiens pointés sur ce dangereux abri. En effet, à peine était-elle dehors, que les boulets firent écrouler cette masure.

Joséphine traversa Bologne, Ferrare, et gagna Lucques, « poursuivie, dit le *Mémorial de Sainte-*

Hélène, par la crainte et les mauvais bruits qui volaient d'ordinaire autour de nos armées patriotes, mais soutenue intérieurement par son extrême confiance en l'étoile de son mari. Tels étaient déjà les sentiments inspirés aux Italiens par le général français, qu'en dépit de la crise du moment, sa femme fut reçue à Lucques et traitée comme l'eût été une princesse. Le Sénat vint la complimenter et lui présenta les huiles d'honneur; il eut lieu de s'en applaudir. Peu de temps après, les courriers annoncèrent les prodiges de son mari et l'anéantissement de Wurmser. »

Au moment même où elle avait traversé le Pô, mettant ce fleuve entre elle et les cavaliers de Wurmser, Joséphine avait reçu de Bonaparte une lettre, datée du 4 août, dans laquelle, escomptant l'avenir, il lui annonçait, comme un fait accompli, la mémorable victoire du lendemain.

V

CASTIGLIONE ET ARCOLE

V

CASTIGLIONE ET ARCOLE

A l'approche de Wurmser, Bonaparte s'était écrié :
« Nous sommes en observation ; malheur à qui cal-
culera mal ! »

Bonaparte calcula bien. Son armée ne comptait
qu'environ quarante-deux mille hommes et son adver-
saire arrivait avec soixante mille. Les ennemis de la
France poussaient des cris de joie. A Venise, les soldats esclavons couraient les places publiques et, tendant la main aux passants, demandaient le prix du
sang français qu'ils allaient répandre. A Rome, les
agents de la France étaient insultés. La cour de Naples
rompait l'armistice. On disait que l'Italie était le tombeau des Français.

Apprenant que les Autrichiens allaient sur tous les
points passer l'Adige, que la retraite sur Milan était
fermée, que la position de Rivoli était forcée comme
celle de la Corona, Bonaparte avait assemblé, le
30 juillet, un conseil de guerre. Les généraux opi-

nèrent pour la retraite. Augereau seul insista pour tenter la fortune des armes. Telle fut aussi l'opinion de Bonaparte.

La ville de Castiglione, située à dix lieues de Mantoue et à trois lieues de Lonato, se trouve à portée des deux débouchés du Tyrol, celui de l'Adige, à l'est du lac de Garde, et celui de la rive occidentale de ce même lac. Bien que l'ennemi eût forcé la ligne de l'Adige, bien qu'il eût tourné celles du Mincio et du lac de Garde, le terrain était si heureux qu'il présentait encore des ressources à un génie aussi audacieux que Bonaparte. Renonçant au siège de Mantoue, parce qu'il savait que, dans les positions critiques, vouloir tout conserver mène à tout perdre, il concentra ses troupes à la pointe du lac. Puis, suivant sa tactique habituelle, il sut, par sa rapidité, se multiplier, si bien que, partout où il combattit, il se trouva soit en force égale, soit en force supérieure.

Vainqueur à Lonato, le 3 août, et, le 5, à Castiglione, il écrivait, le 8, au Directoire, que l'armée autrichienne avait disparu comme un songe et que l'Italie était tranquille. Wurmser venait de l'évacuer, y laissant quatre-vingt-dix canons et vingt-cinq mille hommes d'élite tués ou pris. Le 9 août, Bonaparte adressait, de Vérone, une lettre de remerciements à la ville de Milan, qui lui était restée fidèle : « Le zèle, le caractère qu'elle vient de montrer, disait-il, et son amour pour la liberté lui ont acquis l'estime et l'amour de la France; son peuple, de plus en plus énergique,

devient chaque jour plus digne d'être libre ; un jour
sans doute, il paraîtra avec gloire sur la scène du
monde. » Marmont écrivait à son père : « Depuis huit
jours, je n'ai pas dormi quatre heures. Nous n'avons
plus d'ennemis à combattre, et nous allons bien, je
l'espère, profiter de nos triomphes. »

Bonaparte, revenu à Brescia le 10 août, y écrivit le
soir même à Joséphine, qui, après la victoire de Castiglione, avait pu facilement retourner à Milan :
« J'arrive, ma première pensée est de t'écrire. Ta
santé et ton image ne sont pas sorties un instant de ma
mémoire pendant toute la route. Je ne serai tranquille
que lorsque j'aurai reçu des lettres de toi. J'en attends
avec impatience. Il n'est pas possible que tu te peignes
mon inquiétude. Je t'ai laissée triste, chagrine et demi-
malade... Je suis accablé d'affaires. Adieu, ma douce
Joséphine ; aime-moi bien, porte-toi bien, et pense
souvent à moi. »

Après avoir remis le siège devant Mantoue, Bonaparte se rendit à Milan, où il passa une quinzaine de
jours auprès de sa femme.

Wurmser, réfugié dans le Tyrol, voulait reprendre
l'offensive, et l'Autriche allait lever une nouvelle
armée, celle d'Alvinzy. Bonaparte dut recommencer
la campagne. Il laissa Joséphine à Milan, et repartit
pour la guerre avec cette ardeur infatigable qui faisait
l'étonnement et le désespoir de ses ennemis.

D'Ala, il écrit à Joséphine le 3 septembre 1796 :
« Nous sommes en pleine campagne, nous avons cul-

buté les postes ennemis; nous leur avons pris huit ou dix chevaux avec un pareil nombre de cavaliers. J'espère que nous ferons de bonnes affaires, et que nous entrerons dans Trente le 19 (fructidor). Point de lettres de toi, cela m'inquiète vraiment; l'on m'assure cependant que tu te portes bien, et que même tu as été te promener au lac de Côme. J'attends tous les jours avec impatience le courrier où tu m'apprendras de tes nouvelles; tu sais combien elles me sont chères... »

Les soldats de Bonaparte égalent la hardiesse et l'agilité des chasseurs des Alpes. Quelle rapidité! que d'exploits! Le 4 septembre, victoire de Roveredo; le 5, entrée à Trente; le 8, victoire de Bassano. Deux heures après, le vainqueur écrit au Directoire : « En six jours nous avons livré deux batailles et quatre combats; nous avons pris à l'ennemi vingt et un drapeaux; nous lui avons fait seize mille prisonniers, parmi lesquels plusieurs généraux; le reste a été tué, blessé et éparpillé. Nous avons dans ces six jours, nous battant toujours dans des gorges inexpugnables, fait quarante-cinq lieues, pris soixante-dix pièces de canon avec leurs caissons, leurs attelages, une grande partie du parc de l'armée et des magasins considérables. »

Le 10 septembre, Bonaparte écrit de Montebello à sa femme : « L'ennemi a perdu, ma chère amie, dix-huit mille hommes prisonniers; le reste est tué ou blessé. Wurmser, avec une colonne de cinq cents chevaux et cinq mille hommes d'infanterie, n'a plus d'autre ressource que de se jeter dans Mantoue. Jamais nous n'avons eu de succès aussi constants et aussi grands. L'Italie, le Frioul, le Tyrol, sont assurés à la République. Il faut que l'empereur crée une seconde armée ; artillerie, équipages de pont, bagages, tout est pris. Sous peu de jours, nous nous verrons ; c'est la plus douce récompense de mes fatigues et de mes peines... »

Pendant que Bonaparte remportait ces victoires surprenantes, quelle était, à Milan, la disposition d'esprit de Joséphine? Il faut bien le dire, Joséphine s'ennuyait. M. Aubenas a publié une lettre adressée par elle à sa tante, Mme de Renaudin, qui venait d'épouser le marquis de Beauharnais. Cette lettre, conservée dans les archives de la famille Tascher de La Pagerie, fut portée à Paris par le duc de Serbelloni. Elle est ainsi conçue : « M. de Serbelloni vous fera part, ma chère tante, de la manière dont j'ai été reçue en Italie, fêtée partout où j'ai passé, tous les princes d'Italie me donnant des fêtes, même le grand-duc de Toscane, frère de l'empereur. Eh bien ! je préfère être simple particulière en France. Je n'aime point les honneurs de ce pays-ci. Je m'ennuie beaucoup. Il est vrai que ma santé contribue beaucoup à me rendre triste ; je suis souvent incommodée. Si le bonheur devait procurer la santé, je devrais me bien porter. J'ai le mari le plus aimable qu'il soit possible de rencontrer. Je n'ai pas le temps de rien désirer.

Mes volontés sont les siennes. Il est toute la journée en adoration devant moi, comme si j'étais une divinité ; il est impossible d'être meilleur mari. M. Serbelloni vous dira combien je suis aimée. Il écrit souvent à mes enfants ; il les aime beaucoup. Il envoie à Hortense, par M. Serbelloni, une belle montre à répétition émaillée et entourée de perles fines ; à Eugène une belle montre d'or... Adieu, ma chère tante, ma chère maman ; croyez à mes tendres sentiments. Je tâcherai de vous faire passer un peu d'argent, pour ce que vous m'avez demandé, par la première occasion. »

En même temps Joséphine écrivait à sa fille, le 6 septembre 1796 : « M. le duc de Serbelloni part dans l'instant pour Paris, et m'a promis, ma chère Hortense, d'aller le lendemain de son arrivée à Saint-Germain. Il te dira combien je parle de toi, combien je pense à toi et combien je t'aime ! Eugène partage avec toi ces sentiments, ma chère fille ; je vous aime tous les deux à l'adoration. M. de Serbelloni te remettra, de la part de Bonaparte et de la mienne, de petits souvenirs pour toi, Émilie, Eugène et Jérôme. Fais mille amitiés à Mme Campan ; je compte lui envoyer une collection de belles gravures et de beaux dessins d'Italie. Embrasse pour moi mon cher Eugène, Émilie et Jérôme. Adieu, ma chère Hortense, ma chère fille ; pense souvent à ta maman, écris-lui souvent ; tes lettres et celles de ton frère la consolent d'être éloignée de ses chers enfants. Adieu encore ; je t'embrasse bien tendrement. »

L'infatigable Bonaparte continuait le cours de ses succès. Le 15 septembre, il obligeait Wurmser à se réfugier dans Mantoue. Mais, au milieu de ses victoires, il était triste, parce qu'il trouvait que les lettres de Joséphine étaient trop rares. Il lui adressait de Vérone, le 17 septembre, cette épître mélancolique : « Je t'écris, ma bonne amie, bien souvent, et toi, peu. Tu es une méchante et une laide... Nous avons eu hier une affaire très sanglante ; l'ennemi a perdu beaucoup de monde et a été complètement battu. Nous lui avons pris le faubourg de Mantoue... »

Depuis la rentrée de Wurmser dans Mantoue, le 18 septembre, jusqu'à l'arrivée d'Alvinzy sur la Brenta et sur l'Adige, dans les premiers jours de novembre, il y a, au point de vue militaire, un répit de cinq ou six semaines. Pendant ce temps, Bonaparte se débat contre la politique du Directoire, qui le contrarie dans ses vues, et qui ne lui envoie point les renforts nécessaires. Les secours d'hommes, tant promis, n'arrivent point. L'argent manque pour la solde des troupes. L'armée d'Italie est réduite à trente-trois mille hommes ; c'est avec un si faible effectif qu'il faut reprendre la Corse, contenir toute la Péninsule, assiéger vingt-deux mille Autrichiens réfugiés dans Mantoue, intimider les cours de Rome et de Naples, poussées à bout par les exigences intempestives du Directoire, et enfin tenir tête au nouvel et formidable effort de l'Autriche, à l'armée d'Alvinzy.

Bonaparte s'irrite. Il écrit aux directeurs le 6 octobre : « On gâte tout en Italie. Le prestige de nos forces se dissipe. On nous compte. L'influence de Rome est incalculable. On a très mal fait de rompre avec cette puissance. Si j'eusse été consulté sur tout cela, j'eusse continué les négociations avec Rome, comme avec Gênes et avec Venise. Toutes les fois que votre général, en Italie, ne sera pas le centre de tout, vous courrez de grands risques. On n'attribuera pas ce langage à l'ambition ; je n'ai que trop d'honneurs, et ma santé est tellement délabrée que je crois être obligé de demander un successeur. »

Une telle demande était-elle sincère? Ou bien n'était-ce qu'une feinte? Bonaparte aurait-il été content d'être pris au mot par le Directoire? Quoi qu'il en soit, il avait écrit, à Carnot, dès le 9 août : « S'il est en France un seul homme pur et de bonne foi qui puisse suspecter mes intentions politiques et mettre du doute sur ma marche, je renonce à cet instant même au bonheur de servir ma patrie. Trois ou quatre mois d'obscurité calmeront l'envie, rétabliront ma santé et me mettront à même d'occuper, avec plus d'avantage, les postes que la confiance du gouvernement pourrait me confier. »

Au moment où l'armée d'Alvinzy s'avançait sur la Piave, Bonaparte, pour résister à soixante mille hommes, n'en avait encore que trente-six mille, fatigués par une triple campagne et diminués tous les jours par les fièvres qu'ils gagnaient dans les rizières de la Lombardie. A tout autre général en chef, la partie eût paru désespérée. Le 5 novembre, il écrivait au Directoire : « Tout souffre, et nous sommes en présence de l'ennemi ! Le moindre retard peut nous être funeste. Nous sommes ici à la veille des plus grands événements. Ces retards sont, pour nous, un terrible malheur. Toutes les troupes de l'empire sont arrivées en poste avec une célérité surprenante ; et nous, on nous a livrés à nous-mêmes. De belles promesses et quelques petits corps sont tout ce qu'on nous a donné. »

Après certains succès d'avant-garde suivis d'échecs sérieux, Bonaparte vient d'être obligé à une double retraite. Son aile gauche, qui occupait Trente, a été rejetée sur la Corona et Rivoli. Lui-même, après s'être placé avec dix-sept mille hommes en avant de Vérone sur la Brenta, a été repoussé jusque dans Vérone. Le 11 novembre, il tente un second effort sur Alvinzy ; cette attaque échoue comme la première. Le 12, les divisions d'Augereau et de Masséna essaient d'enlever les hauteurs de Caldiero ; le mauvais temps, la supériorité numérique de l'ennemi, tout contribue à leur insuccès. Malgré leur héroïsme, les deux divisions sont repoussées et rentrent dans Vérone.

L'ennemi avait pu compter à son aise le petit nombre des Français. Il se croyait sûr du triomphe, et préparait déjà les échelles avec lesquelles il se proposait d'escalader les murs de Vérone. Pour la première fois, peut-être, la vaillante armée se sent envahie par le découragement. La situation semble désespérée. Eh bien! c'est à ce moment critique, c'est le lendemain même de l'échec de Caldiero, c'est le 13 novembre, que Bonaparte trouve le temps d'écrire de Vérone à Joséphine : « Je ne t'aime plus du tout; au contraire, je te déteste. Tu es une vilaine, bien gauche, bien bête, bien cendrillon. Tu ne m'écris plus du tout, tu n'aimes pas ton mari; tu sais le plaisir que tes lettres lui font et tu ne lui écris pas six lignes jetées au hasard! Que faites-vous donc toute la journée, madame?... En vérité, je suis inquiet, ma bonne amie, de ne pas recevoir de tes nouvelles; écris-moi vite quatre pages, et de ces aimables choses qui remplissent mon cœur de sentiment et de plaisir... »

Cependant le péril devenait extrême. Quelques années plus tard, Joséphine, à Saint-Cloud, racontait, au général de Ségur, qu'un peu avant la bataille d'Arcole, elle avait reçu de Bonaparte une lettre dans laquelle il lui avouait qu'il n'avait plus d'espoir, que tout était perdu, que partout l'ennemi montrait une force triple de la sienne, qu'il ne lui restait à lui, Bonaparte, que son courage; que probablement il allait perdre l'Adige, qu'ensuite il disputerait le Mincio, et que, cette dernière position perdue, s'il existait encore, il irait la rejoindre à Gênes, où il lui conseillait de se retirer.

Prévoyant les désordres, les massacres même aux-

quels son départ de Milan aurait pu servir de signal,
Joséphine résolut d'y demeurer et de continuer sa
vie habituelle, allant au spectacle, la mort dans l'âme,
mais faisant bonne contenance, en dépit des dispositions menaçantes d'une partie de la population milanaise. Pendant trois nuits, des Italiens vinrent, à plusieurs reprises, la réveiller en sursaut, sous prétexte
de lui demander des nouvelles, mais évidemment
pour surveiller son départ et ne point retarder d'un
moment le commencement de leur révolte.

Bonaparte, devant ses troupes, affectait, lui aussi,
une confiance absolue. Au moment même où son âme
était déchirée par l'inquiétude et les angoisses les
plus cruelles, son visage était impassible. Et tandis
qu'il promettait à ses soldats une prompte victoire, il
écrivait au Directoire, le 14 novembre, cette lettre
presque désespérée : « Citoyens directeurs, je vous
dois compte des opérations qui ont eu lieu. S'il n'est
pas satisfaisant, vous n'en attribuerez pas la faute à
l'armée; son infériorité et l'épuisement où elle est des
hommes les plus braves, me font tout craindre pour
elle. Peut-être sommes-nous à la veille de perdre
l'Italie ! Aucun des secours attendus n'est arrivé... Je
fais mon devoir, l'armée fait le sien. Mon âme est
déchirée, mais ma conscience est en repos... Aujour-
d'hui, 25 brumaire, repos aux troupes. Demain, selon
les mouvements de l'ennemi, nous agirons. Je déses-
père d'empêcher la levée du blocus de Mantoue, qui
dans huit jours était à nous. Si ce malheur arrive,

nous serons bientôt derrière l'Adda, et plus loin s'il n'arrive pas de troupes... L'armée d'Italie, réduite à une poignée de monde, est épuisée. Les héros de Millesimo, de Lodi, de Castiglione et de Bassano sont morts pour leur patrie ou sont à l'hôpital. Il ne reste plus aux corps que leur réputation ou leur orgueil. Joubert, Lannes, Lanusse, Murat, Dupuis, Rampon, Chapran sont blessés... Ce qui me reste de braves voit la mort infaillible, au milieu de chances si continuelles et avec des forces si inférieures ! Peut-être l'heure du brave Augereau, de l'intrépide Masséna, de Berthier est près de sonner ! Alors, alors, que deviendront ces braves gens ? Cette idée me rend réservé. Je n'ose plus affronter la mort, qui serait un sujet de découragement et de malheur pour ceux qui sont l'objet de mes sollicitudes. » Le ton du commencement de cette lettre est presque le désespoir. Le ton de la fin est l'espérance : « Sous peu de jours, nous tenterons un dernier effort ! Si la fortune nous sourit, Mantoue sera prise et, avec elle, l'Italie ! Renforcée par mon armée de siège, il n'y a rien que je ne puisse tenter ! »

Tout semble dire à Bonaparte qu'il est perdu. Une voix secrète lui crie cependant : « Tu seras sauvé ! » Il y a des hommes que les difficultés stimulent, que le danger enhardit. Avant de commencer la lutte, le jeune général croit apercevoir l'image de Joséphine. Comme ces paladins qui évoquaient le souvenir de leur « dame », avant d'accomplir leurs exploits, il puise une force irrésistible dans la pensée dont son âme de héros et de poëte est remplie.

Le 14 novembre, à la nuit tombante, le camp de Vérone prend les armes. En apprenant les derniers échecs, les malades, les blessés ont voulu sortir de l'hôpital et, quoique mal guéris, sont venus prendre place dans les rangs. Ils sont là; leur présence héroïque remplit l'armée des plus vives émotions. Voici les colonnes qui se mettent en marche, traversent rapidement Vérone, sortent avec mystère par la porte désignée sous le nom de porte de Milan, et vont se former sur la rive droite de l'Adige. Moment solennel, moment plein d'angoisses! Où mène-t-on les guerriers de Bonaparte? Ils n'en savent rien. L'heure à laquelle ils sont partis, la position qu'ils viennent de prendre sur la rive droite et sur la rive gauche du fleuve, le silence qu'on garde contre l'habitude constante d'apprendre, par l'ordre du jour, qu'on va se battre, la situation des affaires, tout enfin donne à croire qu'on est en pleine retraite. Vont-ils donc, ces soldats intrépides, vont-ils abandonner l'Italie, où ils avaient acquis tant de gloire? Vont-ils perdre le fruit de tant d'efforts, de tant de courage? Les héros de tant de combats seraient-ils des fugitifs?

Ces hommes qui ne vivent que pour et par la gloire sont dans une anxiété indescriptible. Eux qui aiment le danger pour le danger, qui s'enivrent de l'odeur de la poudre, ils ne peuvent se faire à l'idée qu'ils ne livreraient pas bataille, quand il y a encore des cartouches au fond de leurs gibernes, des baïonnettes au bout de leurs fusils. Ces hommes qui ont effacé du dictionnaire le mot *impossible*, qui n'admettent ni obstacles, ni supériorité numérique veulent, à tout prix, combattre, fût-ce dans les plus mauvaises conditions.

Aussi, quand, au lieu de suivre la route de Peschiera, l'armée prend tout à coup la gauche, longe l'Adige, arrive, avant le jour, à Ronco ; quand elle y trouve Andréossy achevant d'y jeter un pont, quand, aux premiers rayons du soleil, elle se voit, par un simple à gauche, sur l'autre rive de l'Adige, elle tressaille de joie.

« Non, s'écrient les soldats, nous ne battons pas en retraite. Ne pouvant enlever Caldiero, nous le tournons. Avec douze mille hommes, nous ne pourrions rien, en plaine, contre quarante-cinq mille. Notre général nous mène sur des chaussées, dans de vastes marais où le nombre ne sera plus rien, mais où le courage des têtes de colonne sera tout. En avant ! »

A cet instant, comme il est dit dans le *Mémorial de Sainte-Hélène*, « l'espoir de la victoire ranime tous les cœurs ; chacun promet de se surpasser, pour seconder un plan si beau et si hardi. » Bonaparte, en regardant les éclairs qui brillent dans les yeux de ses soldats, à l'approche d'une bataille de géants, voit bien qu'avec de tels hommes on peut tout espérer.

Alors va commencer cette grande lutte de trois jours, un des plus prodigieux efforts de courage qu'une armée ait jamais pu faire.

Trois chaussées partent de Ronco, et toutes les trois sont environnées de marais. La première se dirige sur Vérone, en remontant l'Adige ; la deuxième conduit à Villa-Nova et passe devant Arcole, qui a un pont à une lieue et demie de l'Adige, sur la petite rivière de l'Alpon. La troisième descend l'Adige et va sur Albaredo. Trois colonnes s'avancent à la fois sur les trois chaussées. Celle du centre se porte sur Arcole, où les tirailleurs parviennent jusqu'au pont sans être aperçus par l'ennemi, qui a eu l'imprudence de ne pas pousser des postes jusqu'à l'Adige, parce qu'il regardait comme impraticables les marais compris entre ce fleuve et l'Alpon. La chaussée de Ronco à Arcole, après avoir rencontré ce dernier cours d'eau, en remonte la rive droite jusqu'au pont et entre dans le village d'Arcole.

Bonaparte arrive près de ce pont, qu'il va rendre à jamais célèbre. Il essaie de s'y avancer, mais un feu terrible arrête ses soldats. Devant cette pluie de mitraille, cette avalanche de balles, d'obus et de bombes, les plus intrépides hésiteraient. Bonaparte s'élance au galop ; près du pont, il descend de cheval. Les soldats d'Augereau se sont réfugiés dans le marais, où, courbés, ils s'abritent, le long de la chaussée, contre les feux qui les empêchent de s'y tenir. Voilà le général qui leur crie :

« N'êtes-vous donc plus les vainqueurs de Lodi ? »

Et, saisissant un drapeau, il les appelle et les enflamme de son audace. On le suit, on brave la mitraille, on arrive à deux cents pas du pont ; on est sur le point de le franchir, lorsqu'un chef de bataillon, saisissant Bonaparte par le corps, s'écrie :

« Mon général, vous allez vous faire tuer, et si vous êtes tué, nous sommes perdus ; vous n'irez pas plus loin. »

Alors on recule. Les soldats, qui ne veulent point se dessaisir de leur général, le prennent par les bras, par les habits, et l'entraînent dans leur fuite au milieu des morts, des mourants, de la fumée.

Dans ce tumulte, sans s'en apercevoir, ils le jettent à droite, dans le marais, et le perdent de vue. Les Autrichiens sont là. Heureusement, ils ne le reconnaissent pas. Un cri se fait entendre :

« Soldats, en avant pour sauver le général ! »

Marmont, Louis Bonaparte et quelques braves accourent. Ils arrachent le général de la vase épaisse où il était plongé ; ils le font remonter à cheval et se précipitent sur l'ennemi, qui finit, à la nuit tombante, par évacuer Arcole et se retirer sur San-Bonifacio.

« Cette journée, est-il dit dans le *Mémorial de Sainte-Hélène,* fut celle du dévouement militaire. Le général Lannes était accouru de Milan ; il avait été blessé à Governolo ; il était encore souffrant dans ce moment. Il se plaça entre l'ennemi et Napoléon, le couvrit de son corps et reçut trois blessures, ne voulant jamais le quitter. Muiron, aide de camp du général en chef, fut tué, couvrant de son corps son général. Mort héroïque et touchante ! »

La lutte recommença le lendemain 16 novembre et le surlendemain 17. Le 16, les Autrichiens furent battus sur les digues de l'Adige et d'Arcole. Le 17, après midi, Bonaparte, récapitulant les pertes de l'armée ennemie depuis trois jours, conclut qu'elle s'était affaiblie de plus de vingt mille hommes, et qu'ainsi ses forces ne seraient pas beaucoup plus d'un tiers au-dessus des forces françaises. Alors il donne l'ordre à ses troupes de sortir des marais et d'aller attaquer les Autrichiens en plaine.

L'armée passa le pont jeté à l'embouchure de l'Alpon. Là fut tué l'un des aides de camp de Bonaparte, le jeune Elliot. A deux heures de l'après-midi, les Français étaient en bataille, leur gauche à Arcole, leur droite vers Porto-Lignano. L'ennemi fut culbuté partout. Épuisé par une lutte sanglante de soixante-douze heures, il battit en retraite dans la direction de Vicence.

Le 18 novembre, Bonaparte, qui, le 14, était sorti mystérieusement de Vérone par la porte de Milan, y rentra en triomphateur par la rive gauche de l'Adige et par la porte de Venise, cette porte par laquelle les Véronais s'attendaient à voir arriver victorieusement l'armée autrichienne. Dès ce moment, personne ne crut plus à la possibilité d'un revers durable des Français.

« On se peindrait difficilement, a dit Napoléon, l'étonnement et l'enthousiasme des habitants; nos ennemis, même les plus déclarés, ne purent rester froids, et joignirent leurs hommages à ceux de nos amis. »

Stupéfaction des uns et allégresse des autres, tout se confondit en un transport unanime, comme à la vue d'un événement miraculeux.

VI

LA FIN DE LA CAMPAGNE

VI

LA FIN DE LA CAMPAGNE

Bonaparte triomphe, Bonaparte peut se croire le maître du destin, et pourtant il est triste. Sa physionomie est mélancolique, sa conversation morose. Hélas! quelque radieux que puisse être l'éclat de la victoire, la gloire militaire a toujours ses tristesses, et le spectacle des champs de bataille inspire des réflexions sinistres, même au triomphateur. Le cri des blessés et des mourants a des échos funèbres que, longtemps après le combat, les vainqueurs, autant que les vaincus, entendent dans le silence de la nuit. Napoléon, stoïque et impassible pendant la bataille, avait ensuite des moments d'abattement.

Un jour, à Sainte-Hélène, il raconte qu'à la suite d'une des grandes affaires d'Italie, il traversa, lui, troisième ou quatrième, le champ de bataille dont on n'avait pu encore relever les morts.

« Par clair de lune et dans la solitude profonde de la nuit, dit-il, un chien, sortant tout à coup de des-

sous les vêtements d'un cadavre, s'élança sur nous et
retourna presque aussitôt à son gîte en poussant des
cris douloureux ; il léchait tour à tour le visage de son
maître, et se lançait de nouveau sur nous. C'était tout
à la fois demander des secours et rechercher la vengeance... »

L'empereur continuait :

« Soit disposition du moment, soit le lieu, l'heure, le
temps, l'acte en lui-même, ou je ne sais quoi, toujours
est-il vrai que jamais rien, rien, sur aucun champ
de bataille, ne me causa une impression pareille. Je
m'arrêtai involontairement à contempler ce spectacle.
Cet homme, me disais-je, a peut-être des amis, il en
a peut-être dans le camp, dans sa compagnie, et il gît
ici, abandonné de tous, excepté de son chien. Quelle
leçon la nature nous donnait par l'intermédiaire de cet
animal !... Ce qu'est l'homme ! Et quel est le mystère
de ses impressions ! J'avais, sans émotion, ordonné
des batailles qui devaient décider du sort de l'armée ;
j'avais vu, d'un œil sec, exécuter des mouvements qui
amenaient la perte d'un grand nombre d'entre nous ;
et ici, je me sentais ému, j'étais remué par les cris de
douleur d'un chien... Ce qu'il y a de bien certain, c'est
qu'en ce moment j'eusse été plus traitable pour un
ennemi suppliant ; je concevais mieux Achille rendant le corps d'Hector aux larmes de Priam. »

De Vérone, Bonaparte écrivait à Carnot, le 19
novembre 1796 : « Jamais champ de bataille n'a été
autant disputé que celui d'Arcole. Je n'ai presque

plus de généraux. Leur dévouement, leur courage sont sans exemple. Le général Lannes est venu au champ de bataille n'étant pas encore guéri de sa blessure. Il fut encore blessé deux fois après la première journée. Il était, à 3 heures après midi, étendu souffrant, lorsqu'il apprend que je me porte moi-même à la tête de la colonne. Il se jette à bas de son lit, revient me trouver au pont d'Arcole, où un nouveau coup l'étend sans connaissance. Je vous assure qu'il fallait tout cela pour vaincre. »

Le même jour, Bonaparte écrivait à Clarke : « Votre neveu Elliot a été tué sur le champ de bataille d'Arcole. Ce jeune homme s'était familiarisé avec les armes. Il a plusieurs fois marché à la tête des colonnes... Il est mort avec gloire et en face de l'ennemi; il n'a pas souffert un instant... Quel est celui d'entre nous qui n'a point regretté cent fois de ne point être ainsi soustrait aux effets puissants de la calomnie, de l'envie et de toutes les passions haineuses, qui semblent presque exclusivement diriger la conduite des hommes? »

Des souffrances physiques ajoutaient alors à la mélancolie dont le pâle visage de Bonaparte portait l'empreinte. Il n'était pas encore remis des suites d'une maladie qu'il avait gagnée au siège de Toulon en prenant le refouloir des mains d'un artilleur atteint de la gale, et en chargeant lui-même dix à douze coups de canon. Du temps d'Arcole, il éprouvait aussi les premières atteintes d'une autre maladie qui devait, seize ans plus tard, ralentir parfois son activité et lui inspirer de sérieuses inquiétudes.

Bonaparte souffrait dans son corps et dans son cœur. Préoccupé de Joséphine, il avait quitté Vérone avec l'espoir de passer quelques heures près d'elle. O surprise ! ô douleur ! il ne la trouve pas. Il lui écrit : « J'arrive à Milan, je me précipite dans ton appartement, j'ai tout quitté pour te voir... Tu n'y étais pas ; tu cours les villes avec des fêtes ; tu t'éloignes de moi lorsque j'arrive ; tu ne te soucies plus de ton cher Napoléon... Le malheur que j'éprouve est incalculable. J'avais droit de n'y pas compter. Je serai ici jusqu'au 9 (frimaire) dans la journée. Ne te dérange pas, cours les plaisirs, le bonheur est fait pour toi. Le monde entier est trop heureux s'il peut te plaire, et ton mari seul est bien, bien malheureux. »

Joséphine, à l'heure où Bonaparte se lamentait ainsi, était à Gênes, où elle avait cru devoir accepter une invitation de la ville.

Le 28 novembre, nouvelle lettre de Bonaparte : « Je reçois le courrier que Berthier avait expédié à Gênes. Tu n'as pas eu le temps de m'écrire, je le sens facilement. Environnée de plaisirs et de jeux, tu aurais tort de me faire le moindre sacrifice. Berthier a bien voulu me montrer la lettre que tu lui as écrite. Mon intention n'est pas que tu déranges rien à tes calculs, ni aux parties de plaisir qui te sont offertes ; je n'en vaux pas la peine. Pour moi, t'aimer seule, te rendre heureuse, ne rien faire qui

Reddition de Mantoue.

puisse te contrarier, voilà ma destinée et le but de ma vie. »

Cependant les époux se retrouvèrent, peu de jours après, à Milan. Il y eut un repos relatif dans l'âme toujours agitée de Bonaparte. Lavalette, qui prit alors son service d'aide de camp, nous le montre au quartier général de Milan :

« Je me présentai, dit-il, chez le général en chef, qui habitait le palais Serbelloni. Il donnait audience ; le salon était rempli d'officiers de tout grade et de hauts fonctionnaires du pays. Son air était affable, mais son regard était si ferme et si fier, que je me sentis pâlir quand il m'adressa la parole. Je balbutiai mon nom et quelques mots de remerciements, qu'il écouta en silence et les yeux attachés sur moi avec une expression sévère, qui acheva de me déconcerter. Enfin il me dit :

« — Revenez à 6 heures, et prenez l'écharpe. »

« Cette écharpe, qui distinguait les aides de camp du général en chef, était de soie blanche et rouge et se portait au bras gauche. »

Les aides de camp de Bonaparte étaient alors au nombre de huit. Murat, qui venait d'être nommé général, ne comptait plus parmi eux. Le premier était le colonel Junot, aussi remarquable par sa vaillance et son entrain que par son esprit naturel.

« Lors de la construction d'une des premières batteries que Napoléon, à son arrivée à Toulon, ordonna contre les Anglais, il demanda sur le terrain un sergent ou un caporal qui sût écrire. Quelqu'un sortit des rangs et écrivit sous sa dictée, sur l'épaulement même. La lettre à peine finie, un boulet la couvre de terre.

« — Bien, dit l'écrivain, je n'aurai pas besoin de sable. »

« Cette plaisanterie, le calme avec lequel elle fut dite, fixa l'attention de Napoléon et fit la fortune du sergent. C'était Junot, depuis duc d'Abrantès, colonel général des hussards, commandant en Portugal, gouverneur général en Illyrie[1]. »

Le deuxième aide de camp était le futur duc de Raguse, Marmont, colonel d'artillerie, né en Bourgogne d'une famille ancienne et considérée, Marmont, qui joignait à une éducation très soignée, à une passion effrénée de la gloire, à une ambition sans bornes, un attachement enthousiaste pour son général en chef.

Plus tard, le duc de Raguse, écrivant ses *Mémoires*, se complaira dans la description de cette époque de sa vie : « Nous étions tous très jeunes, dira-t-il, depuis le chef suprême jusqu'au dernier des officiers. Notre ambition était noble et pure ; aucun sentiment d'envie, aucune passion basse ne trouvait accès dans nos cœurs ; une amitié véritable nous unissait tous, et il y avait des exemples d'attachement allant jusqu'au dévouement. Une entière sécurité sur notre avenir, une confiance sans bornes dans nos destinées nous

[1] *Mémorial de Sainte-Hélène.*

donnaient cette philosophie qui contribue si fort au bonheur, et une harmonie constante, jamais troublée, formait une véritable famille. Enfin cette variété dans nos occupations et nos plaisirs, cet emploi successif de nos facultés du corps et de l'esprit donnaient à la vie un intérêt et une rapidité extraordinaires. »

Moins brillant que Junot et Marmont, mais d'un caractère plus solide, le troisième aide de camp était Duroc, le futur grand-maréchal du palais, Duroc, le véritable ami de Napoléon. Tué d'un boulet de canon à Wurtschen, en 1813, il laissera dans l'âme de son souverain un si profond souvenir, qu'en 1815, au moment de s'embarquer à bord du *Bellérophon*, l'empereur demanda qu'il lui soit permis de vivre, en Angleterre, comme un simple particulier, sous le nom de colonel Duroc.

Le quatrième aide de camp était le jeune Lemarois, à peine âgé de dix-sept ans et déjà couvert de blessures. Le cinquième était un Polonais, Sulkowski, nature aventureuse, chevaleresque et romanesque. Il parlait toutes les langues de l'Europe. Après avoir combattu pour la liberté de la Pologne et s'être fait blesser au siège de Varsovie, il était venu se ranger sous les drapeaux de la France, et les soldats de Bonaparte le traitaient comme un compatriote.

Le sixième aide de camp était le frère du général en chef, le jeune Louis Bonaparte, âgé de dix-sept ans à peine, et que son frère n'épargnait pas pour les missions les plus périlleuses. Il les remplissait, d'ailleurs, avec un zèle, un entrain qui annonçaient qu'il savait supporter noblement le poids d'un nom déjà célèbre. Le futur roi de Hollande avait un esprit doux, des mœurs simples, un caractère grave et rêveur, un rare sang-froid dans le danger. A la bataille d'Arcole, il avait contribué à sauver la vie de son général en chef, de son frère.

« Louis aimait la gloire, dira Napoléon à Sainte-Hélène ; peut-être m'aimait-il plus encore. »

Le septième aide de camp était Croisier, brave et habile officier de cavalerie, qui venait de remplacer le jeune Elliot.

Le huitième était Lavalette ; Lavalette, le futur directeur général des postes, qui sera condamné à mort lors de la seconde Restauration, et sauvé du supplice par le dévouement de sa femme : sa femme qui, pour le faire évader, pénétrera elle-même à la Conciergerie et changera de vêtements avec lui.

L'état-major de Bonaparte était déjà une sorte de cour militaire jeune et martiale.

« Mme Bonaparte, dit Lavalette, était charmante, et tous les soucis du commandement, tous les soins du gouvernement de l'Italie n'empêchaient pas son mari de se livrer avec abandon à tout son bonheur intérieur. C'est pendant ce court séjour à Milan que le jeune peintre Gros fit le premier portrait qu'on ait eu du général. Il le représenta sur le pont de Lodi, au moment où, armé d'un drapeau, il s'élança en avant pour décider les troupes... »

Dès le début de l'année 1797, il fallut recommencer la guerre. Bonaparte, qui avait pris la fièvre en bivouaquant aux environs de Mantoue, se trouvait dans un état de souffrance et d'épuisement qui faisait le désespoir de son armée. Stendhal nous le représente, tel qu'il était alors, les joues si caves et si livides, que les émigrés disaient en parlant de lui : « Il est jaune à faire plaisir ! » et buvaient à sa mort prochaine. « Ses yeux seuls avec leur regard fixe et pénétrant annonçaient le grand homme. Ce regard lui avait conquis une armée ; elle lui avait pardonné son aspect chétif, elle ne l'en aimait que mieux. Il faut se rappeler que cette armée était toute composée de jeunes méridionaux faciles à passionner. Ils comparaient souvent leur petit caporal avec le superbe Murat, et la préférence était pour l'homme si maigre, déjà en possession d'une si grande gloire[1]. »

L'Autriche allait faire un suprême effort. Les grandes villes de la monarchie fournissaient des bataillons de volontaires. Ceux de Vienne avaient reçu de l'impératrice des drapeaux brodés de ses propres mains.

Bonaparte apprit à Bologne, le 10 janvier, que les Autrichiens débouchaient par le Montebaldo et par les plaines du Padouan. Dans la nuit du 13 au 14 janvier, il était sur le plateau de Rivoli. Après des pluies torrentielles, le temps s'éclaircissait.

---

[1] Stendhal, *Histoire de Napoléon*, fragments.

Par un superbe clair de lune, le général en chef observa les lignes des feux ennemis ; elles remplissaient le pays entre l'Adige et le lac de Garde ; l'atmosphère en était embrasée. Les feux de bivouac annonçaient quarante ou cinquante mille Autrichiens. Les Français devaient être à Rivoli, le lendemain matin, à 6 heures, avec vingt-deux mille hommes seulement.

Jamais Bonaparte ne montra plus foudroyante rapidité de conception, de décision, d'exécution. Le 14 janvier, il gagnait la bataille de Rivoli ; il marchait toute la nuit du 14 au 15 avec la division Masséna ; le 15 au soir, il était devant Mantoue ; le 16, il gagnait la bataille de la Favorite. En trois jours l'armée autrichienne, réduite de moitié, entièrement désorganisée, affaiblie d'une foule de tués et de blessés, avait perdu vingt-deux mille prisonniers, son artillerie, ses bagages.

La division Masséna avait marché et combattu sans relâche depuis quatre jours, marchant la nuit, combattant le jour. Bonaparte pouvait se vanter que ses soldats avaient surpassé les légions de César. « Les légions romaines, écrivait-il, faisaient, dit-on, vingt-quatre milles par jour ; nos demi-brigades en font trente et se battent dans l'intervalle. » Et il écrivait, en même temps, à Carnot : « L'estime d'un petit nombre de personnes comme vous, celle de mes camarades et du soldat, quelquefois aussi l'opinion de la postérité et, par-dessus tout, le sentiment de ma

conscience et de la prospérité de ma patrie m'inté-
ressent uniquement. »

Le 3 février, Wurmser capitulait à Mantoue. Bonaparte, qui avait accordé au vieux général autrichien
des conditions honorables, ne voulut pas assister à
son humiliation, et il était déjà dans la Romagne
quand le vaincu et son état-major défilèrent devant
les troupes françaises. L'indifférence calculée avec
laquelle Bonaparte se dérobait ainsi au spectacle si
flatteur, d'un maréchal de grande réputation, généra-
lissime des forces autrichiennes, à la tête de tout son
état-major, lui remettant son épée, fut un sujet d'étonnement dans toute l'Europe. Peu de jours après, il
écrivait au Directoire : « Je me suis attaché à montrer la générosité française à Wurmser, général âgé
de soixante-dix ans, envers qui la fortune a été très
cruelle, mais qui n'a cessé de montrer une constance
et un courage que l'histoire remarquera. »

La guerre contre l'Autriche était suspendue ; la
guerre contre le Saint-Siège continuait.

Bonaparte adressait, le 10 février, cette lettre à
Joséphine : « Nous sommes à Ancône depuis deux
jours. Nous avons pris la citadelle après une petite
fusillade, et par un coup de main. Nous avons fait
douze cents prisonniers ; j'ai renvoyé les cinquante
officiers chez eux. Je suis toujours à Ancône. Je ne
te fais pas venir, parce que tout n'est pas encore terminé ; mais sous peu de jours j'espère que cela sera
terminé. D'ailleurs, ce pays-ci est très maussade, et

tout le monde a peur. Je pars demain pour les montagnes. Tu ne m'écris point ; tu devrais cependant me donner de tes nouvelles tous les jours. Je te prie d'aller te promener tous les jours, cela te fera du bien... Je ne me suis jamais autant ennuyé qu'à cette vilaine guerre-ci... »

Le 13 février, autre lettre encore datée d'Ancône... « Je ne reçois pas de tes nouvelles... Je t'ai envoyé des journaux et différentes lettres. Je pars à l'instant pour passer les montagnes. Du moment que je saurai à quoi m'en tenir, je te ferai venir avec moi ; c'est le vœu le plus cher de mon cœur... »

Le 16 février, lettre datée de Bologne : « Tu es triste, tu es malade, tu veux t'en aller à Paris... La vie est, pour moi, insupportable depuis que je suis instruit de ta tristesse. Je m'empresse de t'envoyer Mascati, afin qu'il puisse te soigner ; ma santé est un peu faible, mon rhume dure toujours. Je te prie de te ménager et de m'écrire tous les jours. Mon inquiétude est sans égale... Peut-être ferai-je la paix avec le pape et serai-je bientôt près de toi... Écris-moi, toi-même, tous les jours. Adieu, très chère amie... »

En effet, le 19 février 1796, Bonaparte signait avec le pape le traité de Tolentino. Il n'était plus qu'à trois journées du Capitole, et rien ne lui aurait été plus facile que d'entrer en triomphe dans la Ville éternelle. Il eut la sagesse de ne le point vouloir.

Dès cette époque, il se croyait obligé de ménager la religion.

D'ailleurs, ainsi que le prince de Metternich l'a remarqué dans ses Mémoires : « Napoléon n'était pas irréligieux dans le sens ordinaire de ce terme. Il n'admettait pas qu'il eût jamais existé un athée de bonne foi ; il condamnait le déisme comme fruit d'une spéculation téméraire. Chrétien et catholique, ce n'est qu'à la religion positive qu'il reconnaissait le droit de gouverner les sociétés humaines. Il regardait le christianisme comme la base de toute civilisation véritable, le catholicisme comme le culte le plus favorable au maintien de l'ordre et de la tranquillité du monde moral, le protestantisme comme une source de troubles et de déchirements. »

A la vérité, il fit céder par le pape le Comtat Venaissin, Bologne, Ferrare, la Romagne et un subside de trente millions. Mais, en même temps, il lui adressa cette lettre respectueuse, tout à fait en dehors du langage de la France révolutionnaire : « Je dois remercier Votre Sainteté des choses obligeantes contenues dans la lettre qu'elle s'est donné la peine de m'écrire. La paix entre la République française et Votre Sainteté vient d'être signée. Je me félicite d'avoir pu contribuer à son repos particulier. Toute l'Europe connaît les inclinations pacifiques et conciliatrices de Votre Sainteté ! La République française sera, je l'espère, une des amies les plus vraies de Rome. J'envoie mon aide de camp pour exprimer à Votre Sainteté l'estime et la vénération parfaites que j'ai pour sa personne. »

Le jour même où le traité de Tolentino était conclu, Bonaparte adressait cette lettre à Joséphine, alors à Bologne : « La paix avec Rome vient d'être signée. Bologne, Ferrare, la Romagne sont cédées à la République. Le pape nous donne trente millions dans peu de temps, et des objets d'art. Je pars demain matin pour Ancône, et de là pour Rimini, Ravenne et Bologne. Si ta santé te le permet, viens à Rimini ou Ravenne ; mais ménage-toi, je t'en conjure... »

La guerre n'était pas encore terminée. L'Autriche, inépuisable en ressources, recommençait sans cesse la lutte. Ses armées renaissaient de leurs cendres. Après Beaulieu, Wurmser ; après Wurmser, Alvinzy ; après Alvinzy, l'archiduc Charles. Le prince allemand, grand tacticien, qui venait de s'illustrer en Allemagne, marchait vers l'Italie. Bonaparte, avec trente mille hommes, courut à sa rencontre, par un froid rigoureux, à travers des montagnes couvertes de neige. Le 13 mars 1797, il franchissait la Piave ; le 16, il gagnait, contre l'archiduc, la bataille du Tagliamento. Le 16, il arrivait à Gradisca. Quelques jours après, il prenait Laybach et Trieste. Le 26, il entrait en Allemagne. Le 29, il s'emparait de Klagenfurt. Et pourtant, soit par suite de fatigues et de souffrances physiques, soit par prudence et par habileté, il sentit que l'heure de la paix avait sonné. Le guerrier était déjà assez célèbre. Le pacificateur allait apparaître.

Ce metteur en scène incomparable sut préparer la paix avec autant d'art qu'il en avait mis à préparer la

Préliminaires de la paix signés à Léoben, 17 avril 1797. (D'après Lethière.)

guerre. Après les coups d'épée, la branche d'olivier ;
après la fougue, la modération ; après la gloire, le
repos. La France raffolait de ce jeune homme qui, la
flattant tour à tour dans son amour-propre et dans
ses intérêts, pressentait avec tant de sagacité les
vœux de l'opinion publique.

Le 31 mars, il adressait à l'archiduc Charles une
lettre philosophique et humanitaire dans le goût de
l'époque ; et cette lettre, publiée quelques jours plus
tard au *Moniteur*, produisit un effet immense. Bonaparte
y disait : « Monsieur le général en chef, les braves
militaires font la guerre et désirent la paix... Avons-
nous tué assez de monde et causé assez de maux à
l'humanité ?... Cette sixième campagne s'annonce par
des présages sinistres ; quelle qu'en soit l'issue, nous
tuerons, de part et d'autre, quelques milliers d'hommes
de plus, et il faudra bien que l'on finisse par s'entendre, puisque tout a un terme, même les passions
humaines... Vous, monsieur le général en chef, qui,
par votre naissance, approchez si près du trône, et
êtes au-dessus de toutes les petites passions qui
animent souvent les ministres et les gouvernements,
êtes-vous décidé à mériter le titre de sauveur de l'Allemagne ?... Quant à moi, monsieur le général en chef,
si l'ouverture que j'ai l'honneur de vous faire peut
sauver la vie à un seul homme, je m'estimerais plus
fier de la couronne civique que je me trouverais avoir
méritée, que de la triste gloire qui peut revenir des
succès militaires. »

Le 15 avril, Bonaparte arrivait à Léoben. Son avant-garde s'emparait du Simmering. Les Français n'étaient plus qu'à vingt-cinq lieues de Vienne. L'archiduc Charles demandait alors une suspension d'armes. Bonaparte l'accordait et, le 18 avril, il signait, à Léoben, les préliminaires de paix sur les bases suivantes : cession à la France de la Belgique et de la rive gauche du Rhin, cession de la Lombardie pour en faire un État indépendant, moyennant indemnité prise pour l'Autriche sur le territoire vénitien.

Vers la fin d'avril, il retournait en Italie et, arrivé à Trévise, il y rendait, le 3 mai, un ordre du jour par lequel il déclarait la guerre à la République de Venise, qui s'était prononcée contre lui avant les préliminaires de Léoben, et qui avait laissé massacrer des soldats français. Le général Baraguey-d'Hilliers saisit les lagunes, les forts, les batteries de Venise, et, le 16 mai, il plante le drapeau tricolore sur la place Saint-Marc.

Bonaparte était retourné à Milan.

VII

LE PALAIS SERBELLONI

VII

LE PALAIS SERBELLONI

Le printemps de 1797 fut peut-être le moment le plus doux de la vie de Napoléon et de Joséphine. Ils le passèrent au palais Serbelloni. Le duc de Serbelloni, rallié aux idées libérales et françaises, était fier de loger le vainqueur d'Arcole, alors considéré comme le régénérateur de la liberté italienne. Arnault, qui arrivait de Paris, nous montre Bonaparte entouré de sa cour militaire dans un salon où se trouvent à côté de Joséphine : Mmes Visconti, Léopold Berthier et Yvan. Près d'elles, sur un canapé, le jeune Eugène de Beauharnais plaisante avec l'espièglerie d'un page. Le général paraît. Tout le monde est debout. Berthier, Kilmaine, Clarke, Augereau attendent respectueusement un regard, une parole, la moindre marque d'attention. On se groupe autour de Bonaparte. Il se met à raconter des anecdotes, à expliquer le secret de ses victoires, à parler tour à tour en soldat, en philosophe et en poète. « Ajoutez à l'intérêt de ces récits, faits tantôt d'un ton grave, tantôt d'un accent animé, l'autorité que leur prêtent une figure singulièrement mobile, une physionomie dont la sévérité est souvent tempérée par le sourire le plus gracieux, par un regard où se réfléchissent les pensées les plus profondes de la plus forte des têtes et les sentiments les plus vifs du cœur le plus passionné ; prêtez-leur enfin le charme d'une voix mélodieuse et toutefois masculine, et vous concevrez la facilité avec laquelle Bonaparte conquiert, dans la conversation, tous ceux qu'il veut séduire [1]. »

Il vient de parler deux heures de suite, tout le temps debout, comme ses auditeurs, et personne n'a senti un instant de fatigue. En se retirant, Arnault dit à Regnault de Saint-Jean-d'Angély :

« Cet homme-là est un homme à part ; tout fléchit sous la supériorité de son génie, sous l'ascendant de son caractère ; tout en lui porte l'empreinte de l'autorité. Voyez comme la sienne est reconnue par des gens qui s'y soumettent sans s'en douter ou, peut-être, en dépit d'eux... »

Joséphine ressemble déjà à une souveraine. Elle avouera, plus tard, que rien n'égala jamais pour elle les impressions de cette époque. Bonaparte était alors le favori de la population milanaise.

« Il n'y a pas, dit-il un jour, jusqu'à mon origine étrangère, contre laquelle on a essayé de crier en

---

[1] Arnault, *Souvenirs d'un sexagénaire.*

France, qui ne m'ait été précieuse. Elle m'a fait regarder comme un compatriote par tous les Italiens; elle a grandement facilité mes succès en Italie. Ces succès, une fois obtenus, ont fait rechercher partout les circonstances de notre famille, tombée depuis si longtemps dans l'obscurité. Elle s'est trouvée, au su de tous les Italiens, avoir joué, longtemps, un grand rôle au milieu d'eux. Elle était devenue, à leurs yeux et à leurs sentiments, une famille italienne, si bien que quand il a été question du mariage de ma sœur Pauline avec le prince Borghèse, il n'y eut qu'une voix à Rome et en Toscane, dans cette famille et tous ses alliés.

« — C'est bien, ont-ils tous dit, c'est entre nous, c'est une de nos familles. »

« Plus tard, lorsqu'il a été question du couronnement par le pape à Paris, cet acte de la plus haute importance rencontra de grandes difficultés; le parti autrichien, dans le conclave, y était violemment opposé; le parti italien l'emporta, en ajoutant aux considérations politiques cette petite considération de l'amour-propre national :

« — Après tout, c'est une famille italienne que nous imposons aux Barbares pour les gouverner; nous serons vengés des Gaulois. »

A Milan, comme à Paris, Joséphine servait admirablement les intérêts de son époux. Elle l'aidait à jouer le double rôle qui lui permettait d'apparaître tantôt comme révolutionnaire et tantôt comme conservateur. S'agissait-il d'écarter le royalisme, il s'appuyait sur des hommes ayant les idées d'Augereau. S'agissait-il de séduire des personnages de l'ancien régime, Joséphine était le trait d'union entre lui et l'aristocratie européenne. Il l'a reconnu lui-même :

« La circonstance de mon mariage avec Mme de Beauharnais, a dit Napoléon, m'a mis en point de contact avec tout un parti qui m'était nécessaire pour concourir à mon système de fusion, un des principes les plus grands de mon administration, et qui la caractérisera spécialement. Sans ma femme, je n'aurais jamais pu avoir avec ce parti aucun rapport naturel. »

L'ancienne vicomtesse de Beauharnais recevait la noblesse milanaise avec une grâce exquise, et faisait régner une sorte d'étiquette qui contrastait d'une façon singulière avec le ton ultra-démagogique des adresses que l'armée d'Italie devait envoyer avant le 18 fructidor. Bonaparte, avec sa finesse italienne, trouvait le moyen de plaire à la fois aux *sans-culottes* et aux culottes courtes. Il manœuvrait aussi habilement avec les démocrates les plus exaltés qu'avec les ambassadeurs des vieilles cours d'Autriche et de Naples. On le prenait tantôt pour un Brutus, tantôt pour un futur César. Tandis que ses lieutenants tenaient un langage révolutionnaire, Bonaparte, dans ses confidences avec ses familiers, affectait un singulier dédain pour la démagogie. Ce général en chef, nommé par le Directoire, éprouvait déjà pour les directeurs, notamment pour Barras, auteur premier de sa fortune, le mépris le plus profond ; mais il avait soin de dissimuler encore. Le temps n'était pas venu de jeter le masque. Joséphine contribuait à amortir les chocs et à les éloigner. Barras, s'il avait témoigné du mécontentement à Bonaparte, qui souvent agissait contre les instructions du Directoire, aurait craint de blesser cette amie si gracieuse et si aimable aux fêtes du Luxembourg. En réalité, le plus puissant appui de Bonaparte auprès des directeurs, c'était Joséphine.

Elle avait alors trente-quatre ans. Son teint, un peu brun et un peu fané, se dissimulait à l'aide du rouge et du blanc qu'elle employait avec une extrême habileté ; sa bouche, fort petite, cachait des dents médiocres ; et l'art suppléait aux imperfections de la nature. L'élégance de sa taille, la souplesse de ses mouvements, la finesse de sa physionomie, la douceur de ses yeux et du son de sa voix, la grâce de sa démarche, l'harmonie de sa personne laissaient à Joséphine un charme exceptionnel ; ajoutez à cela une conversation qui plaisait sans être jamais prétentieuse, une bonté d'âme qui cherchait toutes les occasions de se manifester, une mise d'un goût exquis, des parures dont les reines auraient envié l'éclat, et vous comprendrez le prestige qu'exerçait une pareille femme.

Joséphine s'habituait enfin à l'Italie, où elle avait

tant de satisfactions d'amour-propre; quelques jours avaient suffi à Bonaparte pour réparer ses forces physiques après tant de fatigues et de périls; il était enfin heureux, aussi heureux que pouvait l'être ce caractère ardent et agité, pour qui ne semblaient faits ni le repos ni le bonheur.

Quant à l'armée française, elle était toute à l'ivresse de ses triomphes. Avant son arrivée à Milan, on ne voyait jamais que deux rangs de voitures au Corso. Depuis ses triomphes, quatre files, quelquefois six, occupent toute la longueur de la promenade. C'est au centre que les voitures qui arrivent, font leur tour unique, au petit trot. Heureux les officiers de cavalerie ou d'état-major qui peuvent caracoler au milieu de ce dédale! Comme les officiers d'infanterie envient le sort de ces privilégiés! Mais voici le jour qui tombe, l'heure de l'*Ave Maria*. Les *bastardelles* se remettent en mouvement et, sans descendre, les dames viennent prendre des glaces au café à la mode.

Pour les officiers d'infanterie, c'est l'heure de la revanche. A leur tour, les voilà galants et empressés, au seuil de ce café de la *Corsia de Servi*. Il y en a qui, venant des cantonnements les plus éloignés, ont fait jusqu'à dix lieues pour être exacts soit au café, soit au bal du Casino, soit au théâtre de la Scala, dont les représentations ont un éclat inaccoutumé.

Plus tard, la chaleur étant venue, Bonaparte et sa femme s'installèrent au château de Montebello, à proximité de Milan, au sommet d'une colline d'où la vue s'étend au loin sur les riches plaines de la Lombardie. Ils y restèrent trois mois et tinrent là une espèce de cour diplomatique et militaire que les Italiens, pressentant le futur souverain sous le général de la République, appelaient la cour de Montebello.

Déjà, en effet, Bonaparte avait les allures d'un monarque. On se demandait comment un si court espace de temps lui avait suffi pour acquérir un tel prestige et pour exercer, à vingt-sept ans, une pareille influence en Europe. Il y avait treize mois à peine que, général obscur, il était venu prendre, à Nice, le commandement d'une armée dénuée de tout, et maintenant, établi en vainqueur dans les plus belles contrées du monde, entouré des ministres d'Autriche et de Naples, des envoyés du pape, du roi de Sardaigne, des républiques de Gênes et de Venise, il était devenu l'arbitre des destinées de l'Italie.

Écoutons un témoin oculaire, le comte Miot de Mélito : « C'est dans la magnifique habitation de Montebello, dit-il, que je trouvai Bonaparte, le 1er juin 1797, plutôt au milieu d'une cour brillante que dans un quartier général d'armée. Une étiquette sévère régnait déjà autour de lui ; ses aides de camp et ses officiers n'étaient plus reçus à sa table, et il se montrait difficile sur le choix des convives qu'il y admettait ; c'était un honneur très recherché, et qu'on n'obtenait qu'avec peine. Il dînait, pour ainsi dire, en public ; pendant son repas, on faisait entrer dans la salle où il mangeait des habitants du pays,

qui venaient promener sur sa personne leurs avides
regards. Du reste, il ne se montrait nullement
embarrassé ou confus de ces excès d'honneurs, et il
les recevait comme s'il y eût été habitué de tout
temps. Ses salons et une vaste tente qu'il avait fait
dresser devant le château, du côté des jardins,
étaient constamment remplis d'une foule de généraux,
d'administrateurs, de grands fournisseurs, ainsi que
de la plus haute noblesse et des hommes les plus dis-
tingués de l'Italie, qui venaient solliciter la faveur
d'un coup d'œil ou d'un instant d'entretien. »

L'Autriche avait accrédité, comme ses plénipotentiaires à Montebello, deux grands seigneurs : un
Autrichien, le comte de Mersfeld, et un Napolitain,
le marquis de Gallo, ambassadeur de Naples à
Vienne, le même qui fut depuis ambassadeur à Paris,
et successivement ministre des affaires étrangères,
sous le règne de Joseph Bonaparte, roi de Naples,
et de Murat, qui lui succéda sur le trône.

Bonaparte avait auprès de lui ses frères Joseph
et Louis et sa sœur Pauline. Sa mère, Mme Lætitia,
venait d'arriver de Marseille et de Gênes avec ses
deux autres filles : Élisa, future grande-duchesse de
Toscane, et Caroline, future reine de Naples.

A leur passage à Gênes, elles avaient trouvé la
ville en proie à la plus grande effervescence. C'était
le moment où un aide de camp de Bonaparte, Lavalette, avait remis au doge, en plein Sénat, cette
lettre, datée du 27 mai 1797 : « Si, vingt-quatre

heures après la réception de la présente lettre, que
je vous envoie par un de mes aides de camp, vous
n'avez pas mis à la disposition du ministre de France
tous les Français qui sont dans vos prisons ; si vous
n'avez pas fait arrêter les hommes qui excitent le
peuple de Gênes contre les Français ; si, enfin, vous
ne désarmez pas cette populace, qui sera la première
à se tourner contre vous lorsqu'elle comprendra les
conséquences terribles de l'égarement où vous
l'aurez entraînée, le ministre de la République
française sortira de Gênes et l'aristocratie aura
existé. Les têtes des sénateurs me répondront de la
sûreté de tous les Français qui sont à Gênes, comme
les États entiers de la République me répondront de
leurs propriétés. Je vous prie, au reste, de croire
aux sentiments d'estime et de considération distin-
guée que j'ai pour la personne de Votre Sérénité. »

Jamais, jusqu'à ce jour, un étranger n'était entré
ainsi dans la salle du Sénat. L'agitation de la ville
pouvait faire craindre de grands excès. Bonaparte
n'ayant pas reçu la lettre qui lui annonçait l'arrivée
de sa mère en Italie, aucune mesure n'était prise,
aucun ordre donné. Mme Lætitia et ses filles pouvaient
devenir victimes de quelque émeute populaire. La
première pensée de Lavalette fut de rester auprès
d'elles, pour les défendre si elles étaient attaquées.
Mais Mme Bonaparte était une femme pleine de sens
et de courage :

« Je n'ai rien à craindre ici, puisque mon fils tient

en ses mains, comme otages, les personnes considérables de la République. Partez promptement pour le prévenir de mon arrivée; demain matin, je continuerai ma route. »

Lavalette suivit ce conseil, en prenant seulement la précaution de faire marcher au-devant des trois femmes quelques piquets de cavalerie. Elles arrivèrent sans accident à Milan, et allèrent s'installer à Montebello.

Le château de Montebello était alors une demeure agréable entre toutes. La beauté du climat, la splendeur du printemps, les fêtes, les banquets, les parties de campagne, les excursions au lac Majeur et au lac de Côme, ce mélange continuel d'affaires et de plaisirs qui donne à la vie tant de variété et de rapidité, tout contribuait à rendre ce séjour aussi charmant qu'intéressant. Arnault, dans ses *Souvenirs*, nous y fait assister à un dîner, pendant lequel la meilleure musique de l'armée exécutait des morceaux variés, des marches militaires, des airs patriotiques. A table, le poète était placé auprès de Pauline Bonaparte, alors âgée de seize ans, et qui allait très prochainement devenir Mme Leclerc :

« Si c'était, nous dit-il, la plus jolie personne qu'on pût voir, c'était aussi la plus déraisonnable qu'on pût imaginer. Pas plus de tenue qu'une pensionnaire, parlant sans suite, riant à propos de rien et à propos de tout, contrefaisant les personnages les plus graves, tirant la langue à sa belle-sœur quand elle ne la regardait pas, me heurtant du genou quand je ne prêtais pas assez d'attention à ses espiègleries, et s'attirant de temps en temps de ces coups d'œil terribles avec lesquels son frère rappelait à l'ordre les hommes les plus intraitables ; le moment d'après, c'était à recommencer, et l'autorité du général de l'armée d'Italie se brisait contre l'étourderie d'une petite fille. »

Après le dîner, on prend le café sur la terrasse, et l'on ne rentre que tard dans les salons. Bonaparte se mêle à la conversation générale, puis, il dirige les amusements de la société ; il fait chanter des romances à la belle Mme Berthier, il demande des histoires au général Clarke, il se met à en raconter lui-même. Celles qu'il préfère, ce sont les récits fantastiques, les aventures terribles, les contes de revenants, **et il** se plaît à fortifier l'effet de ses narrations par des inflexions de voix que l'acteur le plus habile lui envierait. La soirée finie, plusieurs des convives rentrent à Milan et admirent dans la campagne une illumination bizarre et imprévue : les prairies étincellent de myriades de paillettes voltigeantes, ou plutôt de mouches phosphoriques qui semblent danser sur les gazons et dont les bonds s'élèvent à quatre et cinq pieds du sol. Ce phénomène est produit par une innombrable quantité de lucioles qui, à la clarté du ver luisant, joignent l'avantage d'avoir des ailes.

« Que de souvenirs, a dit Marmont, ce séjour de trois mois à Montebello retrace à mon esprit ! Que de

8

mouvement, de grandeur, d'espérance et de gaieté ! A
cette époque, notre ambition était tout à fait secon-
daire ; nos devoirs ou nos plaisirs seuls nous occu-
paient. L'union la plus franche, la plus cordiale,
régnait entre nous tous, et aucune circonstance, aucun
événement n'y a jamais porté la moindre atteinte. »

Entouré de sa famille, de ses compagnons d'armes,
de lieutenants qui étaient, pour lui, des serviteurs et
des amis, Bonaparte, ne rêvant alors pour les peuples
que repos, concorde et progrès, était dans une période
d'apaisement. Marmont nous le représente ayant « du
maître » dans son attitude, dans son regard, dans sa
voix ; ne négligeant rien, en public, pour maintenir et
accroître la disposition de tous au respect et à l'obéis-
sance ; mais, dans l'intimité, avec sa mère, avec sa
femme, avec ses frères, avec ses sœurs, avec ses aides
de camp, se montrant bon, affable jusqu'à la familia-
rité, aimant à plaisanter ; se mêlant parfois aux jeux
des officiers de son entourage et décidant, par son
exemple, les graves plénipotentiaires autrichiens à s'y
mêler aussi ; causant avec une rare facilité de parole
et avec une merveilleuse abondance d'idées puissantes
et neuves, enfin « ayant, à cette époque heureuse, un
charme que personne n'a pu méconnaître ».

Quant à Joséphine, elle s'essayait à jouer, au naturel, son prochain rôle de souveraine. Les dames mila-
naises les plus remarquables par le rang, par la beauté,
par l'esprit, s'empressaient autour d'elle et admiraient
l'exquise aménité, le tact exceptionnel, la bienveillance

inaltérable qu'elle déployait en faisant les honneurs de ses salons. A son départ de la Martinique, la vieille devineresse lui avait dit :

« Vous serez plus que reine. »

La prédiction ne s'accomplissait-elle pas dès lors ?

L'anecdote suivante, racontée encore par Arnault, suffirait à prouver l'empire de Joséphine sur Bonaparte. Elle avait un petit chien, nommé Fortuné, qu'elle affectionnait beaucoup, bien qu'il lui rappelât les plus tristes souvenirs. Au temps de sa captivité, sous la Terreur, elle était séparée du vicomte de Beauharnais, également prisonnier ; ses enfants avaient la permission de venir la voir au greffe avec leur gouvernante, mais le concierge assistait à toutes les entrevues. La gouvernante eut alors l'idée d'amener le carlin Fortuné, qui pénétrait jusque dans le cachot de Joséphine et lui apportait, caché dans son collier, un billet contenant des nouvelles. Après le 9 Thermidor, Joséphine ne voulut plus quitter le petit animal.

Arrogant et envahissant comme tous les favoris, Fortuné avait de grands défauts ; il était bruyant, il mordait tout le monde, même les chiens. A Montebello, il eut l'imprudence de s'attaquer à un mâtin peu endurant, le chien du cuisinier. Le mâtin, d'un coup de dent, l'étendit raide mort sur la place. Joséphine fut au désespoir, et le malheureux cuisinier se crut perdu. Quelques jours après, rencontrant le général, qui se promenait dans le jardin, il s'enfuit effaré.

« Pourquoi te sauver ainsi de moi? lui cria Bonaparte.

— Général, après ce qu'a fait mon chien...

— Eh bien?

— Je craignais que ma présence ne vous fût désagréable.

— Ton chien! Est-ce que tu ne l'as plus, ton chien?

— Pardonnez-moi, général, mais il ne met plus les pattes dans le jardin, à présent surtout que madame en a un autre.

— Laisse-le courir tout à l'aise; il me débarrassera peut-être aussi de cet autre-là. »

La plus douce, la plus indolente des créoles faisait peur au plus tenace et au plus impérieux des hommes. Bonaparte pouvait bien gagner des batailles, accomplir des miracles, créer ou faire disparaître des États, mais il n'osait pas mettre le chien de Joséphine à la porte.

VIII

BONAPARTE ET LE 18 FRUCTIDOR

VIII

BONAPARTE ET LE 18 FRUCTIDOR

Quelque chose troublait Bonaparte au milieu de ses succès : c'étaient les perpétuelles attaques des journaux réactionnaires de Paris, les propos des salons, les sarcasmes des émigrés et les déclamations incessantes du club royaliste de la rue de Clichy. Il avait certaines velléités aristocratiques, et se plaisait dans la société des gens d'ancien régime ; mais, d'autre part, il commandait à une armée composée de républicains convaincus, et il n'avait obtenu les miracles accomplis par ces soldats incomparables qu'en s'associant aux passions politiques qui étaient l'un des ressorts principaux de leur énergie et de leur enthousiasme.

Pour eux, leur général était toujours l'homme du 13 Vendémiaire, la terreur de la réaction, le républicain qui avait foudroyé les sections royalistes. Il trouva que le moment était venu de les confirmer dans cette croyance par une grande mise en scène républicaine. Il ordonna donc qu'il y aurait à Milan, pour le 14 juillet 1797, anniversaire de la prise de la Bastille, une grande fête militaire dont le programme et le caractère seraient en harmonie parfaite avec les souvenirs révolutionnaires et les sentiments démocratiques d'une armée qui comptait tant de Jacobins en uniforme. Cette fête devait avoir un grand retentissement jusqu'à Paris, et y être, pour ainsi dire, le prologue du 18 Fructidor.

Voici le programme tel qu'il fut formulé par le général en chef :

« 1° A la pointe du jour, une salve des vingt plus grosses pièces annoncera la fête ;

« 2° La générale battra à 9 heures du matin. A 10 heures, moment où les troupes se mettront en marche, il sera tiré une autre salve ;

« 3° Une troisième annoncera le départ du général en chef pour se rendre au champ de la fête, et sera répétée au moment où il y arrivera. Au même instant, toutes les musiques des demi-brigades joueront l'air : *Où peut-on être mieux...*

« 4° A midi précis, les troupes, après avoir fait quelques manœuvres, viendront se ranger en bataillon carré. On commencera par tirer six coups de canon pour chacun des généraux La Harpe, Steingel et Dubois ; ensuite cinq coups pour chaque général de brigade, et trois pour chaque adjudant général et chef de brigade, tués dans la division depuis le 23 germinal an IV, époque de la bataille de Montenotte ;

« 5° Le général commandant la division de la Lombardie donnera à chaque bataillon les drapeaux, et il sera tiré **six coups de canon** au moment où il les remettra ;

« 6° Il sera délivré double prêt et double ration de viande et de vin ;

« 7° La fête se terminera par des jeux d'instruction et d'exercice. On commencera par le tir au canon. On tirera aussi à la cible. Il sera établi trois prix pour les soldats qui auront le mieux tiré ;

« 8° Il y aura ensuite un assaut à l'espadon et à la pointe, puis une course d'hommes avec trois prix destinés aux meilleurs coureurs ;

« 9° Les musiques des demi-brigades joueront des airs et des danses, et les soldats, ayant déposé les armes aux faisceaux de leurs compagnies, pourront danser ou se promener jusqu'à ce qu'un roulement de tambour les rappelle à leurs rangs ;

« 10° Les officiers qui ont des chevaux, et qui voudront les faire admettre à la course, seront tenus de se faire inscrire. La course aura lieu depuis la maison de campagne, d'où partiront les chevaux de la dernière course, jusqu'à l'arc de triomphe ;

« 11° A l'entrée de la nuit, on illuminera la pyramide et l'autel de la Patrie, et il y aura, autour, des musiques qui joueront des **airs de danse patriotique**. »

Bonaparte n'était jamais plus heureux et plus fier qu'au milieu de ses soldats. Chacune des demi-bri-

gades lui rappelait de glorieux souvenirs. Il avait dit
à Lonato :

« J'étais tranquille, la brave 32e était là ! »

Et, pour toute récompense, les soldats de la 32e
avaient demandé qu'on brodât sur leur drapeau ces
simples paroles.

En rendant compte du combat de la Favorite, il
avait écrit : « La terrible 57e. » Et, pour prix de son
sang, la fière 57e, ainsi récompensée par un seul
mot, avait voulu que désormais on l'appelât la Terrible.

La fête du 14 juillet exalta l'orgueil et la colère de
l'armée. Sur les faces d'une haute pyramide étaient
inscrits les noms des officiers et des soldats de la
division, tués au champ d'honneur depuis la bataille
de Montenotte.

Cette pyramide funèbre se dressait au milieu d'un
champ de Mars ; elle était ornée de tous les attributs
représentant les victoires de l'armée, ainsi que les
emblèmes de la liberté, de la République française,
une et indivisible, et de la Constitution de l'an III. Les
troupes étant rangées en bataillon carré autour de la
pyramide, les vétérans et les blessés défilèrent, salués
par ces troupes. Les tambours battaient aux champs,
les salves d'artillerie retentissaient.

Le général passa ensuite la revue. Arrivé devant
les carabiniers de la 11e demi-brigade d'infanterie
légère :

« Braves carabiniers, leur dit-il, je suis bien aise

de vous voir, vous valez à vous seuls trois mille hommes. »

En face de la 13e demi-brigade, qui formait la garnison de Vérone :

« Braves soldats, s'écria-t-il, vous voyez devant vous les noms de vos camarades assassinés en votre présence à Vérone ; mais leurs mânes doivent être satisfaites, les tyrans ont péri avec la tyrannie. »

Le corps d'officiers de chaque demi-brigade, précédé de la musique, vint recevoir les drapeaux :

« Citoyens, s'écria le général en chef, que ces drapeaux soient toujours sur le chemin de la liberté et de la victoire ! »

Pendant que l'armée défilait, un caporal de la 9e brigade s'approcha de Bonaparte, et lui dit :

« Général, tu as sauvé la France. Tes enfants, glorieux d'appartenir à cette invincible armée, te feront un rempart de leurs corps. Sauve la République ! Que les cent mille soldats qui composent cette armée se serrent pour défendre la liberté ! »

Les larmes inondaient le visage de ce vaillant soldat.

Enivrés par l'odeur de la poudre, électrisés par la proclamation toute républicaine de leur général, soulevés par les applaudissements de la foule, par le bruit des armes, par la vue des drapeaux, par les salves d'artillerie, par les fanfares, les tambours, les chants patriotiques, dans cette chaude journée du 14 juillet, les soldats de Napoléon arrivèrent au paroxysme de la colère contre les réactionnaires, qu'ils accusaient d'insulter à la liberté et à la gloire.

Le soir, au dîner donné par Bonaparte aux officiers et aux vétérans, voici le toast qu'il porte :

« Aux mânes du brave Steingel, mort aux champs de Mondovi ; de La Harpe, mort aux champs de Fombio ; de Dubois, mort aux champs de Roveredo, et à tous les braves, morts pour la défense de la liberté ! Puissent leurs mânes être toujours autour de nous ! Elles nous préviendront des embûches des ennemis de la patrie. »

Le général Berthier prend la parole :

« A la Constitution de l'an III et au Directoire exécutif de la République française ! Qu'il soit, par sa fermeté, digne des armées et des hautes destinées de la République, et qu'il anéantisse les contre-révolutionnaires, qui ne se déguisent plus ! »

La musique joue le *Ça ira*. Un vétéran, couvert de blessures et privé d'un de ses membres, boit à la *réémigration* des émigrés ! »

Enfin le général Lannes, souffrant encore de trois blessures reçues à la bataille d'Arcole, porte ce toast :

« A la destruction du club de Clichy ! Les infâmes, ils veulent encore des révolutions. Que le sang des patriotes qu'ils font assassiner retombe sur eux ! »

Dans la journée, les diverses divisions de l'armée d'Italie avaient signé des adresses qui furent envoyées au Directoire par Bonaparte et insérées dans le *Moniteur* du 12 août.

Le lendemain Bonaparte écrivait au Directoire :

« Le soldat demande à grands cris si, pour prix de ses fatigues et de six ans de guerre, il doit être, à son retour dans ses foyers, assassiné, comme sont menacés de l'être tous les patriotes... N'est-il donc plus en France de républicains? Et, après avoir vaincu l'Europe, serons-nous donc réduits à chercher quelque angle de la terre pour y terminer nos tristes jours? Vous pouvez d'un seul coup sauver la République, deux cent mille têtes peut-être, qui sont attachées à son sort, et conclure la paix en vingt-quatre heures : faites arrêter les émigrés, détruisez l'influence des étrangers. Si vous avez besoin de force, appelez les armées. Faites briser les presses des journaux vendus à l'Angleterre, plus sanguinaires que ne le fut jamais Marat. Quant à moi, citoyens directeurs, il est impossible que je puisse vivre au milieu des affections les plus opposées; s'il n'y a point de remède pour faire finir les maux de la patrie, pour mettre un terme aux assassinats et à l'influence de Louis XVIII, je donne ma démission. »

Les soldats de Bonaparte le considéraient comme la terreur des tyrans, le sauveur de la liberté. Peut-être n'y avait-il pas, parmi eux, un seul homme qui le soupçonnât de ne pas être un républicain convaincu. Eh bien ! c'est à ce moment-là, au moment où il était, pour ainsi dire, l'inspirateur du 18 fructidor, que, dans ses confidences intimes, il laissait percer des tendances dictatoriales et impériales.

On remarque à ce sujet, dans les *Mémoires* du comte Miot de Mélito, une curieuse révélation :

« Je me trouvais, dit-il, avec Bonaparte et Melzi à Montebello, et Bonaparte nous prit, l'un et l'autre, pour faire une promenade dans les vastes jardins de cette belle résidence. La promenade se prolongea environ deux heures, pendant lesquelles le général parla presque sans discontinuer.

« — Ce que j'ai fait jusqu'ici, nous disait-il, n'est rien encore. Je ne suis qu'au début de la carrière que je dois parcourir. Croyez-vous que ce soit pour faire la grandeur des avocats du Directoire que je triomphe en Italie ? Croyez-vous que ce soit pour fonder une République ? Quelle idée ! Une République de trente millions d'hommes ! Avec nos mœurs, nos vices, où est la possibilité ? C'est une chimère dont les Français sont engoués, mais qui passera comme tant d'autres. Il leur faut de la gloire, les satisfactions de la vanité ; mais de la liberté, ils n'y entendent rien. Voyez l'armée. Les victoires que nous venons de remporter ont déjà rendu le soldat français à son véritable caractère. Je suis tout pour lui. Que le Directoire s'avise de vouloir m'ôter le commandement, et il verra s'il est le maître. Il faut à la nation un chef, illustré par la gloire, et non par des théories de gouvernement, des phrases, des discours d'idéologues, auxquels les Français n'entendent rien. Qu'on leur donne des hochets, cela leur suffit : ils s'en amuseront et se laisseront mener, pourvu cependant qu'on leur dissimule

adroitement le but vers lequel on les fait marcher...
Un parti lève la tête en faveur des Bourbons, je ne
veux pas contribuer à son triomphe. Je veux bien, un
jour, affaiblir le parti républicain, mais je veux que
ce soit à mon profit, et non pas à celui de l'ancienne
dynastie. En attendant, il faut marcher avec le parti
républicain. »

Ce que Bonaparte reproche à la royauté, ce n'est
pas de menacer les républicains, c'est de lui barrer le
chemin du trône. Son indignation contre les réactionnaires n'était que de l'ambition personnelle. En apparence, il défendait la République, en réalité il préparait l'Empire.

« On m'a reproché, dit-il plus tard à Mme de Rémusat, d'avoir favorisé le 18 fructidor ; c'est comme si
on me reprochait d'avoir soutenu la Révolution. Il
fallait en tirer parti de cette révolution et mettre à
profit le sang qu'elle avait fait couler. Quoi ! consen-
tir à se livrer, sans condition, aux princes de la maison de Bourbon, qui nous auraient jeté à la tête nos
malheurs depuis leur départ, et imposé silence par le
besoin que nous aurions montré à leur retour ! changer notre drapeau victorieux contre ce drapeau blanc,
qui n'avait pas craint de se confondre avec les éten-
dards ennemis, et moi, enfin, me contenter de quelques
millions et de je ne sais quel duché !... Il est certain
que j'aurais bien su, s'il l'eût fallu, détrôner une
seconde fois les Bourbons, et le meilleur conseil qu'il
y aurait eu à leur donner eût été de se défaire de moi. »

Le double jeu de Bonaparte n'apparaît nulle part
d'une manière plus frappante que dans les préparatifs du 18 fructidor. Son envoyé officiel à Paris, celui
qu'il avait délégué auprès du Directoire comme le
représentant des passions républicaines de son armée
et comme l'exécuteur du prochain coup d'État, c'était
le général jacobin, l'enfant des faubourgs de Paris,
Augereau. Mais, en même temps, il avait envoyé en
mission secrète, dans la capitale, un homme qui avait
toute sa confiance, Lavalette, dont les manières et les
relations sociales étaient celles d'un homme d'ancien
régime.

Par Augereau, Bonaparte devait agir sur les républicains; par Lavalette, sur les royalistes. Déjà, en
effet, il méditait ce système de fusion qui devait être
la base de sa politique intérieure, et en vertu duquel
il lui était réservé de donner un jour des titres de
prince et de duc à des conventionnels, et de faire porter à des régicides les grands cordons des ordres
autrichiens. Grâce à Augereau, il captait la confiance
des démocrates les plus ardents; grâce à Lavalette,
il ménageait les familles d'émigrés et les anciens amis
de Joséphine. Son plan était de profiter du coup d'État
et d'avoir l'air de répudier ses excès.

Le Directoire ne tarda pas à découvrir ce double
jeu, mais il croyait avoir encore besoin de Bonaparte
et il ne se sentait pas assez fort pour se brouiller
impunément avec le vainqueur de l'Italie. Il n'en sus-
pecta pas moins Lavalette, dont les démarches, les

Journée célèbre du 18 fructidor, au V de la République. (D'après une estampe de Girardet.)

lettres, les paroles furent l'objet de la plus rigoureuse surveillance. L'antagonisme de Bonaparte et de Barras était déjà visible. Le Directoire allait remporter une victoire qui contenait en germe une défaite : le 18 fructidor devait engendrer le 18 brumaire.

Mme de Staël, dont le salon exerçait alors une grande influence, et qui se prononçait très énergiquement contre les réactionnaires, vit tour à tour Augereau et Lavalette.

« Bien que Bonaparte, a-t-elle dit, parlât sans cesse de la République dans ses proclamations, les hommes attentifs s'apercevaient qu'elle était à ses yeux un moyen, et non un but. Il en fut ainsi pour lui de toutes les choses et de tous les hommes. Le bruit se répandit qu'il voulait se faire roi de Lombardie. Un jour, je rencontrai le général Augereau, qui venait d'Italie, et qu'on citait, je crois alors avec raison, comme un républicain zélé. Je lui demandai s'il était vrai que le général Bonaparte songeât à se faire roi.

« — Non assurément, répondit-il, c'est un jeune homme trop bien élevé pour cela[1]. »

A cette époque, Mme de Staël affectait pour Bonaparte un véritable culte. Lavalette dîna auprès d'elle chez M. de Talleyrand, alors ministre des affaires étrangères :

« Pendant tout le dîner, dit-il, ses éloges du vainqueur de l'Italie avaient toute l'ivresse, tout le désordre

---

[1] Mme de Staël, *Considérations sur la Révolution française.*

et toute l'exagération de l'inspiration. En sortant de
table, la société se dirigea vers un cabinet, pour y
voir le portrait du héros, et comme je me reculais
pour la laisser entrer :

« — Comment, dit-elle en s'arrêtant, oserais-je passer devant un aide de camp de Bonaparte ? »

« Ma confusion fut si visible, qu'elle lui en donna
un peu, et qu'elle fit rire jusqu'au maître de la maison. J'allai la voir le lendemain ; elle me reçut assez
bien pour que j'y retourne souvent. »

Mme de Staël conciliait alors deux passions : la passion de Bonaparte et la passion de la République. Elle
poussa, plus que personne, au coup d'État de fructidor :

« Je reste persuadé, dit encore Lavalette, qu'elle
n'avait pas prévu les proscriptions cruelles qui acca-
blèrent le parti vaincu, mais je n'ai jamais vu une telle
chaleur à les poursuivre. »

Elle-même fut effrayée de l'œuvre à laquelle ses
conseils avaient contribué ; dans la soirée du 17 fructidor, la frayeur était telle, que la plupart des gens
connus quittèrent leurs maisons de peur d'y être arrêtés. Malgré son zèle républicain, Mme de Staël fut du
nombre. Un de ses amis lui trouva un asile dans une
petite chambre qui donnait sur le pont Louis XVI.
Elle y passa la nuit à regarder les préparatifs de la
terrible scène qui devait avoir lieu quelques heures
plus tard. On ne voyait dans les rues que des soldats ;
tous les citoyens étaient renfermés chez eux. Les

canons qu'on amenait autour du palais où se rassemblait le Corps législatif (le palais Bourbon) roulaient sur le pavé ; mais, hors ce bruit, tout était silence.

Le matin, on apprit que le général Augereau avait conduit ses bataillons dans le conseil des Cinq-Cents, et qu'il y avait arrêté les députés réactionnaires. Deux directeurs proscrits, cinquante et un représentants traînés sur des charrettes à travers la France toute tremblante, et déportés, dans des cages de fer, sur les plages mortelles de Cayenne ; les propriétaires, auteurs et rédacteurs de quarante et un journaux également déportés en masse, les élections de quarante-huit départements cassées, la presse bâillonnée et muette, les prêtres et les émigrés forcés à un nouvel exil, tels furent les résultats du 18 fructidor, ce triomphe du militarisme.

« Tout respect de la loi disparut, dit Edgar Quinet. On ne vit, on n'admira plus que le sabre... Après la victoire des soldats, il ne restait plus qu'à couronner un soldat. »

Lavalette avait passé la soirée du 17 fructidor au Luxembourg, chez Barras. Il devina, par l'agitation mal déguisée des courtisans du directeur, ce qui allait se passer, et se retira de bonne heure, bien décidé à se cacher le lendemain, pour ne pas faire supposer, par sa présence, que le général Bonaparte approuvait les violences qui se commettaient.

Lavalette alla cependant chez Barras le surlendemain. Prenant une attitude et un ton menaçants :

« Vous avez, lui dit le directeur, trahi la République et votre général. Depuis plus de six semaines, le gouvernement est sans lettres particulières de lui ; vos opinions sur ce qui se passe sont connues, et nous ne doutons pas que vous n'ayez présenté notre conduite sous les couleurs les plus odieuses. Je vous déclare qu'hier au soir le Directoire a mis en délibération si vous ne deviez pas partager le sort des conspirateurs qui sont en route pour la Guyane. Par égard pour le général Bonaparte, vous restez libre ; mais je viens de faire partir mon secrétaire, afin de l'éclairer sur ce qui s'est passé et sur votre conduite.

— Vous avez été trompé, répondit Lavalette, je n'ai trahi personne. La journée du 18 est une calamité ; on ne me persuadera jamais que le gouvernement ait le droit de punir sans jugement des représentants du peuple, au mépris de toutes les lois. Je n'ai pas écrit autre chose depuis six semaines, et, si vous voulez vous en assurer, voici la clef de mon secrétaire, faites saisir mes papiers. »

Lavalette resta encore quelques jours à Paris, ne voulant pas qu'un départ trop précipité pût être attribué à la peur. Avant de se remettre en route, il alla chez Augereau, pour prendre ses commissions. Le général lui parla de Bonaparte avec assez de légèreté, et du 18 fructidor avec plus d'enthousiasme qu'il ne l'aurait fait de la bataille d'Arcole :

« Savez-vous bien, dit-il, que vous mériteriez d'être

fusillé pour votre conduite? Mais soyez tranquille, et comptez sur moi. »

Lavalette le remercia en souriant, mais comprit qu'il était inutile de mettre sa bienveillance à l'épreuve, et prit, le lendemain, la route de l'Italie. Il quitta Paris, le 1er vendémiaire, au moment où le Directoire, les ministres et toutes les autorités constituées se dirigeaient vers le Champ-de-Mars, pour y célébrer le premier jour de l'an VI de la République.

En même temps, Bonaparte, qui, dans ses rapports avec son armée, voulait se montrer partisan chaleureux du 18 fructidor, adressait la proclamation suivante à ses troupes :

« Soldats, nous allons célébrer le 1er vendémiaire, l'époque la plus chère aux Français; elle sera un jour bien célèbre dans les annales du monde. C'est de ce jour que date la fondation de la grande Nation, et la grande Nation est appelée, par le destin, à étonner et consoler le monde. Soldats, éloignés de votre patrie et triomphants de l'Europe, on vous préparait des chaînes; vous l'avez su, vous avez parlé; le peuple s'est réveillé, a fixé les traîtres, et déjà ils sont aux fers. Vous apprendrez, par la proclamation du Directoire exécutif, ce que tramaient les ennemis particuliers des soldats, et spécialement des divisions de l'armée d'Italie. Cette préférence nous honore; la haine des traîtres et des esclaves sera dans l'histoire notre plus beau titre à la gloire et à l'immortalité. »

Lavalette, en revenant de Paris, trouva Bonaparte

à Passeriano et lui raconta tout ce qui s'était passé :

« Pourquoi, dit le général en chef, avec des formes si rudes, tant de faiblesse ? Pourquoi ensuite tant de témérité, quand la fermeté suffisait ?... La force quand on ne peut pas faire autrement, soit ; mais quand on est le maître, justice vaut mieux. »

Puis il continua silencieusement sa promenade dans le jardin.

« Enfin, ajouta-t-il, en quittant Lavalette, à tout prendre, cette Révolution aura été un vigoureux coup de fouet donné à la nation. »

Le véritable vainqueur du 18 fructidor, ce n'était pas le Directoire, c'était Bonaparte.

IX

PASSERIANO

IX

Vers le milieu de septembre 1797, Bonaparte s'était installé, ainsi que sa femme, au château de Passeriano, afin d'y terminer les négociations diplomatiques engagées avec le gouvernement autrichien. Cette résidence, appartenant à l'ancien doge, était située près d'Udine et des ruines d'Aquilée.

Le guerrier y apparaissait en pacificateur.

Rassuré contre le royalisme par le coup d'État du 18 fructidor, dont il profitait sans que l'odieux en retombât sur lui, il se présentait désormais sous un aspect conservateur, dans ses rapports avec les plénipotentiaires autrichiens ; il se rappelait volontiers que sa femme était une grande dame, et que lui-même était gentilhomme. Il laissait déjà percer les prétentions nobiliaires qui lui faisaient dire au prince de Metternich :

« Je suis placé dans une position singulière. Je trouve des généalogistes qui voudraient faire remonter ma race jusqu'au déluge, et il existe des partis qui prétendent que je suis né roturier. La vérité est entre les deux. Les *Buonaparte* sont de bons gentilshommes corses, peu illustres, puisque nous ne sortions guère de notre île, mais bien meilleurs que beaucoup de freluquets qui s'avisent de nous ravaler. »

Les plénipotentiaires autrichiens étaient le comte Louis de Cobentzel, le marquis de Gallo, le général comte de Mersfeld et M. de Ficquelmont. Le comte de Cobentzel, qui était alors le principal diplomate de l'Autriche, avait occupé les premières ambassades de l'Europe et s'était trouvé longtemps **auprès** de la grande Catherine.

« Fier de son rang et de son importance, il ne doutait pas que la dignité de ses manières et son habitude des cours ne dussent écraser facilement un général sorti des camps révolutionnaires; aussi abordat-il le général français avec une certaine légèreté; mais il suffit de l'attitude et des premières paroles de celui-ci pour le remettre aussitôt à sa place, dont, au demeurant, il ne chercha jamais plus à sortir[1]. »

M. de Cobentzel était d'ailleurs un homme du monde accompli. Causeur brillant et spirituel, racontant à merveille les anecdotes de toutes les cours de l'Europe, célèbre par son talent d'acteur pour jouer la comédie de société, il amusait Mme Bonaparte, qui retrouvait en lui les manières d'autrefois.

---

[1] *Mémorial de Sainte-Hélène.*

Le marquis de Gallo, esprit fin, souple et conciliant, était Napolitain et représentait, comme ambassadeur, la cour de Naples à Vienne. Il y avait inspiré une telle confiance, que, malgré sa nationalité, l'Autriche en fit un de ses plénipotentiaires.

« Votre nom n'est pas allemand, lui dit Bonaparte la première fois qu'il le vit.

— Il est vrai, répondit le marquis de Gallo, je suis ambassadeur de Naples.

— Et depuis quand, répondit sèchement le général français, ai-je à traiter avec Naples? Nous sommes en paix. L'empereur d'Autriche n'a-t-il donc plus chez lui des négociateurs de la vieille roche? Toute la vieille aristocratie de Vienne est-elle éteinte? »

Le marquis, craignant que de pareilles observations n'arrivassent officiellement au cabinet de Vienne, ne fut dès lors occupé qu'à se faire agréer par Bonaparte. Celui-ci se radoucit aussitôt, heureux d'avoir pris, sur son interlocuteur, un avantage qu'il ne perdit jamais. Le marquis de Gallo, devenu plus tard ambassadeur des Bourbons de Naples auprès du premier consul, puis ambassadeur du roi Joseph Bonaparte auprès de l'empereur Napoléon, lui avouait, en parlant de leur première entrevue, que, de sa vie, personne ne l'avait autant effrayé.

Les deux autres plénipotentiaires étaient le général de Mersfeld et M. de Ficquelmont. Les conférences se tenaient alternativement chez Bonaparte, au quartier général de Passeriano, et chez les plénipotentiaires d'Autriche, à Udine; ils dînaient les uns chez les autres. Les distractions étaient moins nombreuses qu'à Montebello, mais la vie ne laissait pas cependant que d'être agréable.

« Le séjour de Passeriano, a dit le duc de Raguse, se retrace en ce moment à mon souvenir avec un charme tout particulier; il avait un caractère à lui qu'aucune circonstance n'a reproduit depuis... Nous nous livrions avec violence aux exercices du corps, pour entretenir nos forces et développer notre adresse; mais nous ne négligions pas la culture de l'esprit et de l'étude. Monge et Berthollet consacraient chaque soirée à nous instruire. Monge nous donna des leçons de la science dont il a fixé les principes et dont les applications sont si usuelles, la géométrie descriptive. »

C'est à Passeriano que le général Desaix vint voir Bonaparte et lui exprima le désir de servir avec lui à la prochaine campagne. « De cette époque date le premier projet sur l'Égypte. Le général Bonaparte parlait volontiers de cette terre classique; son esprit était souvent rempli des souvenirs de l'histoire, et il trouvait du charme à nourrir des idées de projets plus ou moins exécutables sur l'Orient[1]. »

Les aides de camp jouissaient en paix des charmes de Passeriano, mais le général y avait de graves préoccupations; ses rapports avec le Directoire, dont,

---

[1] *Mémoires du duc de Raguse.*

en somme, il était toujours le fonctionnaire, devenaient de jour en jour plus tendus. Devant vingt ou
trente personnes, il accusait, tout haut, le gouvernement d'injustice et d'ingratitude. Il soupçonnait les
directeurs de vouloir lui opposer Augereau comme
un rival, et, luttant de ruse et de finesse avec ses
adversaires, il écrivait et répétait sans cesse que sa
santé et son moral étaient affaiblis ; qu'il avait besoin
de quelques années de repos ; qu'il ne pouvait plus
supporter le cheval. Qu'aurait-il dit si le Directoire
l'avait pris au mot ?

Au point de vue diplomatique, ses idées étaient en
désaccord avec celles de son gouvernement. Lui était
convaincu que la paix n'était possible que si l'on
sacrifiait Venise à l'Autriche ; le Directoire, pensant
que la République française ne pouvait, sans déshon-
neur, livrer une République à un monarque, voulait non seulement sauver l'indépendance vénitienne,
mais républicaniser toute la Péninsule, abolir le pouvoir temporel du pape, détruire les royaumes de Piémont et de Naples. Cette politique radicale n'entrait
pas dans les vues de Bonaparte. Il savait qu'il aurait
un jour besoin du clergé pour pouvoir s'emparer de
la puissance suprême et, après avoir si souvent élevé
la voix contre les tyrans, il se croyait obligé de ménager les souverains que, quelques années plus tard, il
devait traiter de frères.

Son attitude se ressentait nécessairement de pareils
calculs.

« Je fis une belle campagne, dit-il un jour à Mme de Rémusat, en parlant de cette période de sa vie; je devins un personnage pour l'Europe. D'un côté, à l'aide de mes ordres du jour, je soutenais le système révolutionnaire; de l'autre, je ménageais en secret les émigrés; je leur permettais de concevoir quelque espérance. Il est bien facile d'abuser ce parti-là, parce qu'il part toujours, non de ce qui est, mais de ce qu'il voudrait qu'il fût. Je recevais des offres magnifiques pour le cas où je voudrais suivre l'exemple de Monk. Le prétendant m'écrivait même dans son style hésitant et fleuri. Je conquis mieux le pape en évitant d'aller à Rome que si j'eusse incendié sa capitale. Enfin je devins important et redoutable, et le Directoire, que j'inquiétais, ne pouvait cependant motiver aucun acte d'accusation. »

Jamais la dissimulation savante, qui était un des traits distinctifs du caractère de Bonaparte, ne fut plus ingénieuse et plus raffinée. « La situation de mon âme, écrivait-il au Directoire, a besoin de se retremper dans la masse des citoyens. Depuis trop longtemps un grand pouvoir est confié à mes mains. Je m'en suis servi, dans toutes les circonstances, pour le bien de la patrie. Tant pis pour ceux qui ne croient point à la vertu et qui pourraient avoir suspecté la mienne. Ma récompense est dans ma conscience et dans l'opinion de la postérité. » Le 1er octobre 1797, il écrivait à Talleyrand : « Tout ce que je fais, tous les arrangements que je prends en ce moment, c'est le dernier service que je puisse rendre à la patrie. Ma santé est entièrement délabrée. La santé est indispensable et ne peut être remplacée par rien à la guerre. Le gouvernement aura sans doute, sur la demande que je lui ai faite il y a huit jours, nommé une commission de publicistes pour organiser l'Italie libre, de nouveaux plénipotentiaires pour continuer les négociations ou les renouer ; enfin un général, qui ait sa confiance, pour commander l'armée, car je ne connais personne qui puisse me remplacer dans ces trois missions également intéressantes. »

Le Directoire était jaloux, ombrageux ; il avait le pressentiment qu'il trouverait dans Bonaparte un maître. Mais il rivalisait avec lui de dissimulation et refusait sa démission en lui faisant des protestations d'amitié. Malgré ces démonstrations, qui, de part et d'autre, n'étaient que de la stratégie politique, l'antagonisme croissant entre Barras et Bonaparte, bien qu'atténué par l'influence secrète de Joséphine, était déjà visible à tous les yeux.

X

JOSÉPHINE A VENISE

X

JOSÉPHINE A VENISE

Pendant que Bonaparte était à Passeriano, Joséphine alla passer quelques jours à Venise, occupée depuis le 16 mai par une garnison française.

L'antique aristocratie avait été détruite, et un avocat, Dandolo, s'était mis à la tête du gouvernement provisoire. Bergame, Brescia, Padoue, Vicence, Bassano, Udine furent autant de républiques séparées. Partout on adopta les principes de la Révolution française, on prit les couleurs nationales italiennes et l'on se fédéra. L'illustre république vénitienne se flattait de conserver son indépendance. Cependant son attitude, naguère encore si fière et si hostile à l'égard de Bonaparte et des Français, était devenue obséquieuse et suppliante. Elle demandait avec instances au jeune vainqueur de venir la visiter et lui promettait, à l'avance, des ovations indescriptibles.

Mais Bonaparte avait déjà résolu l'abandon de Venise à l'Autriche contre Mantoue et l'Adige, et il n'osait se montrer dans une ville à laquelle ses projets allaient être si funestes. Il comprenait combien, après toutes les proclamations ultra-démocratiques dont il était l'auteur, après l'envoi solennel à Paris des bustes de Junius et de Marcus Brutus, il paraîtrait peu conséquent avec lui-même en livrant, pieds et poings liés, une république à un empereur. S'il était venu recevoir sur la place Saint-Marc les applaudissements que Venise agonisante lui promettait, il aurait eu l'air d'un traître. Son esprit de dissimulation n'alla pas jusque-là, mais Joséphine, étrangère aux secrets diplomatiques, pouvait se rendre aux fêtes de Venise comme à une simple partie de plaisir.

Ne voulant pas quitter l'Italie sans avoir visité la cité des doges, elle obtint de Bonaparte la permission de s'y rendre, accompagnée de Marmont. A la voir si gracieuse, si souriante, au milieu de la société vénitienne, qui aurait pu soupçonner les noirs projets que nourrissait son mari contre la noble et fière république ? Assurément Venise n'était pas sans reproche, les Pâques véronaises avaient été un grand crime ; mais quel châtiment allait suivre !

En attendant, Venise se réjouissait. La populace était pleine d'illusions. La noblesse de terre ferme, si longtemps jalouse de l'aristocratie des lagunes, ne voyait pas sans plaisir la chute de cette oligarchie qui lui était odieuse. La bourgeoisie, soi-disant émancipée, accueillait avec une joie bruyante le triomphe des idées françaises. Quant au bas peuple, il ne songeait plus au passé, c'est à peine s'il songeait à l'avenir ; heureux d'assister à des fêtes, il se livrait aux distractions présentes avec la fougue méridionale.

Les Vénitiens, ne pouvant pas se mettre aux pieds de l'homme dont dépendaient leurs destinées, s'ingénièrent, en recevant sa femme, à trouver tout ce qui pouvait la flatter et lui plaire. Mme Bonaparte resta quatre jours parmi eux.

Le premier jour, tout le grand canal est en fête. Cent cinquante mille curieux l'entourent, ce sont régates et courses de bateaux. Le second jour : promenades en barques ; toutes les gondoles sont couvertes de fleurs. Le troisième jour : promenade de nuit sur l'eau, illumination générale des palais, des maisons, des gondoles, feu d'artifice, gerbes éblouissantes, qui se reflètent dans l'onde, et bal au palais des doges.

C'est encore la Venise élégante et coquette ; mais, malgré toutes ces splendeurs, ce n'est plus la Venise puissante, « la Venise épouse de l'Adriatique et dominatrice des mers, la Venise qui donnait des empereurs à Constantinople, des rois à Chypre, des princes à la Dalmatie, au Péloponèse, à la Crète ; la Venise qui humiliait les Césars de la Germanie, la Venise de qui les monarques tenaient à honneur d'être citoyens ; la Venise qui, république au milieu de l'Europe féodale, servait de bouclier à la chrétienté ; la Venise, *planteuse de lions*, dont les doges étaient des savants et les marchands des chevaliers ; la Venise qui rapportait de la Grèce des turbans conquis ou des chefs-d'œuvre recouvrés ; la Venise qui triomphait par ses fêtes, ses courtisanes et ses arts, comme par ses grands hommes ; la Venise à la fois Corinthe, Athènes et Carthage, ornant sa tête de couronnes rostrales et de diadèmes de fleurs[1]. »

Non, non, ce n'est plus la Venise d'autrefois. Quelle décadence profonde au milieu de ces fêtes données à Mme Bonaparte ! Ah ! qu'est-elle devenue, la ville libre par excellence, qui, depuis sa fondation au ve siècle, s'était toujours maintenue indépendante ? Où sont ses fameux chevaux de bronze qui piaffaient sous le portique de Saint-Marc ? On les envoie à Paris, comme des dépouilles opimes. Et le célèbre lion, le lion du saint patron de Venise ? Il a le même sort. Le grand saint, dont les reliques sont dans l'église ducale, fondée au commencement du ixe siècle par la libéralité de Justinien Participatio, ne protège donc plus la cité qui avait tant de confiance en lui ? Ah ! qu'est-elle devenue « la Cybèle des mers, avec sa couronne de tours altières, se dessinant dans un lointain aérien, et majestueuse dans sa démarche, comme la souveraine des eaux ?... Jeune, elle était brillante de gloire, c'était une autre Tyr. Le surnom de ses enfants leur avait été donné par la victoire ; c'étaient les *Planteurs de lions*, insigne qu'ils portèrent à travers le sang et la flamme

---

[1] Châteaubriand, *Mémoires d'outre-tombe.*

sur la terre et la mer subjuguées. Faisant de nombreux esclaves, elle sut se maintenir libre, et fut le boulevard de l'Europe contre la puissance ottomane. Je t'en atteste, ô Candie, rivale de Troie, et toi, golfe immortel, qui vis la bataille de Lépante! Car ni le temps, ni la tyrannie ne pourront effacer ces deux noms[1]. »

C'en est fait, on ne vous verra plus, fiançailles des doges et de l'Adriatique! Qu'est devenu le *Bucentaure*, cette fameuse galère sculptée semblable à celle de Cléopâtre, dont tous les agrès étaient d'or? Qu'est devenu le temps où, entouré de sa cour, le doge sortait du port de Venise sur le *Bucentaure*, s'avançait triomphalement jusqu'à la passe du Lido, et jetait dans la mer un anneau bénit, en prononçant cette phrase sacramentelle : « *Desponsamus te mare, in signum veri perpetuique dominii.* Mer, nous t'épousons, en signe de souveraineté positive et perpétuelle! » Les ambassadeurs de tous les souverains, le nonce du pape lui-même, semblaient reconnaître, par leur présence, la validité de ce mariage mystique. Où est le *Bucentaure?* On avait d'abord pensé à l'envoyer, comme un trophée, en France, à la remorque de quelque frégate. Mais, de peur que la précieuse galère ne fût prise en route par les vaisseaux anglais, on a préféré la brûler.

Il a été brûlé aussi, ce fameux livre d'or où les

---

[1] Lord Byron, *Child Harold*, chant IV.

patriciens, où les monarques eux-mêmes étaient si fiers d'avoir leurs noms inscrits. Venise, au lieu de te réjouir, tu devrais te couvrir d'un cilice, et les fleurs dont tu te pares, il faudrait les garder pour les jeter sur le cercueil où vont être ensevelies ton indépendance et ta gloire. Les cris de joie que tu pousses semblent une ironie. Le chant de tes gondoliers devrait être un chant funèbre !

XI

CAMPO-FORMIO

XI

CAMPO-FORMIO

Le dénouement des négociations diplomatiques
approchait. Il fallait aboutir ou rompre. La situation
de Bonaparte, malgré ses succès, ne laissait pas que
d'être critique. Agissant contre les instructions de
son gouvernement, il ne pouvait réussir qu'en imposant sa volonté ; le Directoire était, pour lui, plus
menaçant que l'Autriche, et c'est du Luxembourg
que venaient les difficultés principales.

Bonaparte allait poser un double ultimatum : l'un
au gouvernement autrichien, l'autre à son propre
gouvernement. Ses lettres particulières avaient préparé Talleyrand, le ministre des relations étrangères,
aux solutions qu'il avait décidées en principe. Dans
cette correspondance, il faisait bon marché des forces
italiennes et de la propagande révolutionnaire. Il
disait :

« Je n'ai point d'Italiens à mon armée, excepté quinze
cents polissons ramassés dans les rues des différentes

villes. Ils pillent et ne sont bons à rien... Vous vous imaginez que la liberté fait faire de grandes choses à un peuple mou, superstitieux... Le roi sarde, avec un bataillon et un escadron, est plus fort que toute la Cisalpine réunie. Voilà l'historique. Tout ce qui n'est bon qu'à dire dans des proclamations, dans des discours imprimés, sont des romans... S'il arrivait que nous adoptassions la politique extérieure de 1793, nous aurions d'autant plus de tort que nous nous sommes bien trouvés de la politique contraire, et que nous n'avons plus ces grandes masses, ces moyens de recrutement et ce premier mouvement d'enthousiasme qui n'a qu'un temps. »

Voulant sacrifier les Vénitiens, il écrivait : « C'est un peuple mou, efféminé, lâche, sans terre ni eau, et dont nous n'avons que faire. »

Au même moment, Bonaparte recevait, du Directoire, l'ordre de révolutionner l'Italie tout entière. C'était la destruction de son plan, puisqu'il comptait maintenir les États du pape, les royaumes de Naples et de Sardaigne, et livrer Venise à l'Autriche, tandis que le Directoire désirait non seulement sauver la République de Venise, mais encore transformer en républiques tous les États italiens sans exception. La divergence de vues était complète. Tout autre que Bonaparte n'aurait pas osé agir contre la lettre et l'esprit des instructions de son gouvernement. Mais déjà il croyait ne relever que de lui-même et il n'obéissait plus qu'à ses propres inspirations.

Il eut avec les quatre plénipotentiaires autrichiens, le 16 octobre, une entrevue qui devait être décisive. Le comte de Cobentzel déclara que l'Autriche ne renoncerait à Mayence qu'en échange de Mantoue. Bonaparte, au contraire, voulait absolument que Mantoue restât à la République cisalpine. Il résulta de ce désaccord une scène violente. Se levant avec colère et frappant du pied le sol :

« Vous voulez la guerre? s'écria Bonaparte. Eh bien! vous l'aurez! »

Et, saisissant un magnifique cabaret de porcelaine, que M. de Cobentzel répétait chaque jour avec complaisance lui avoir été donné par la grande Catherine, il le jeta de toutes ses forces sur le plancher et le fit voler en éclats :

« Voyez, s'écria-t-il encore, eh bien! telle sera votre monarchie autrichienne avant trois mois, je vous le promets! »

Et il s'élança hors de la salle.

Bonaparte joue le tout pour le tout. Il a brisé la porcelaine du comte de Cobentzel. Mais si le comte le prend au mot, si les négociations sont rompues, est-il bien sûr de briser la monarchie autrichienne aussi facilement qu'il le dit? Est-il bien sûr de n'être point désavoué par le Directoire? Lui pardonnera-t-on, à Paris, de sacrifier Venise et de s'être refusé à républicaniser l'Italie tout entière? N'est-il pas exposé à recevoir, le soir même de son altercation avec M. de Cobentzel, quelque dépêche qui renversera son œuvre de fond en comble ? Comme sur le champ de bataille, c'est la résolution la plus hardie qu'il prend. Sans redouter aucune des conséquences d'une colère préméditée, il brusque le dénouement. Un secret pressentiment l'assure que sa témérité aura raison de l'Autriche et du Directoire.

En effet, tout conspire au succès de ses entreprises. Le traité une fois signé, il sait bien que le Directoire n'osera jamais ne pas le ratifier. En s'élançant hors de la salle des conférences, il a ordonné à haute voix d'annoncer à l'archiduc Charles la reprise des hostilités dans un délai de vingt-quatre heures, et il s'est jeté dans sa voiture sans paraître s'apercevoir des gestes suppliants du conciliant marquis de Gallo, qui, lui tirant force coups de chapeau, le conjurait de ne pas partir.

Le lendemain, la scène changeait. M. de Cobentzel en passait par où voulait Bonaparte, et, de son côté, le général français se faisait pardonner, par l'accueil le plus aimable et le plus enjoué, sa colère simulée de la veille. La paix fut signée le jour même (17 octobre 1797). Elle porta le nom du village de Campo-Formio, situé à égale distance d'Udine et de Passeriano. Il ne s'y était pas tenu une seule conférence, mais c'était là que devait avoir lieu la signature.

« Je fus envoyé pour y faire tout préparer, dit le duc de Raguse, et en même temps, pour engager les plénipotentiaires à continuer leur route jusqu'à Passeriano. Ils s'y prêtèrent de bonne grâce. On signa

Traité de Campo-Formio. (D'après le tableau de M. Eugène Guillon. — Phot. Braun et Cie.)

avant le dîner, en datant de Campo-Formio, où les préparatifs avaient été faits pour la forme; et, sans doute, on montre dans ce village la chambre où le grand événement s'est passé, la table et la plume employées à l'accomplir. »

Le travail de copie du traité avait duré toute la journée. Plus de discussions. Le général Bonaparte était d'une gaieté charmante. Se tenant dans son salon, il ne voulut pas qu'on apportât des bougies quand la nuit fut venue. On s'amusait à causer et même à faire des contes de revenants, comme si l'on eût été en famille, dans un vieux château. Enfin, vers 10 heures du soir, on vint annoncer aux plénipotentiaires que les copies étaient terminées. Bonaparte signa gaiement. Le général Berthier, porteur du traité, était à minuit sur la route de Paris.

Douze heures après, un courrier du Directoire arrivait à Passeriano. Les ordres étaient positifs, et si Bonaparte les eût reçus la veille, il n'aurait pas pu conclure le traité.

Cependant la ratification faisait doute. Le Directoire consentirait-il à l'anéantissement de la République de Venise? Le gouvernement provisoire vénitien fit un effort suprême pour sauver l'indépendance du pays. Il chargea trois délégués, parmi lesquels se trouvait Dandolo, de se rendre à Paris et d'y dépenser tout l'argent nécessaire pour empêcher la ratification du traité.

Le duc de Raguse fait observer que cette démarche,

si elle eût réussi, était la perte de Bonaparte, le tombeau de sa gloire; il aurait été dénoncé à la France, à l'Europe, comme ayant outrepassé ses pouvoirs, comme ayant, par corruption, abandonné lâchement un peuple et asservi une république. Flétri, déshonoré, il disparaissait, peut-être pour toujours, de la scène. Aussi, dès qu'il apprit le départ des délégués vénitiens pour la France, n'eut-il d'autre idée que de les faire arrêter en route.

Duroc, envoyé à leur poursuite, se saisit de leurs personnes et les ramena à Milan, où se trouvait alors Bonaparte.

« J'étais dans le cabinet du général en chef, dit Marmont, quand celui-ci les y reçut. On peut deviner la violence de sa harangue. Ils l'écoutèrent avec calme et dignité, et, quand il eut fini, Dandolo répondit. Dandolo, ordinairement dénué de courage, en trouva ce jour-là dans la grandeur de sa cause. Il parlait facilement; en ce moment il eut de l'éloquence. Il s'étendit sur le bien de l'indépendance et de la liberté, sur les devoirs d'un bon citoyen envers sa patrie. La force de ses raisonnements, sa conviction, sa profonde émotion agirent sur l'esprit et sur le cœur de Bonaparte, au point de faire couler les larmes de ses yeux. Il ne répliqua pas un seul mot, renvoya les députés avec douceur et bonté, et depuis il a conservé pour Dandolo une bienveillance, une prédilection qui ne s'est jamais démentie; il a toujours cherché l'occasion de le grandir et de lui faire du bien, et cependant Dandolo était un homme médiocre; mais cet homme avait fait vibrer les cordes de son âme par l'élévation des sentiments, et l'impression ressentie ne s'effaça jamais. »

Malgré le chagrin des Vénitiens, le Directoire n'osa pas refuser sa ratification à un traité qui accordait à la France ses limites naturelles, et qui reconnaissait, dans le nord de l'Italie, l'existence d'une république nouvelle dont les principes étaient ceux de la Révolution française.

« Voilà donc la paix faite, écrivait Talleyrand, et une paix à la Bonaparte! Recevez mes compliments de cœur, mon cher général. Les expressions manquent pour vous dire tout ce qu'on voudrait en ce moment. Le Directoire est content, le public enchanté; tout est au mieux. On aura peut-être quelques criailleries d'Italiens; mais c'est égal. Adieu, général pacificateur, adieu! Amitié, admiration, respect, reconnaissance; on ne saurait où s'arrêter dans cette énumération. »

La France, toujours très mobile, était à ce moment passionnée pour la paix, comme elle l'avait été, quelques semaines auparavant, pour la guerre. Bonaparte avait consulté ses intérêts personnels avec un merveilleux à-propos. On ne cessait de célébrer son désintéressement. On le trouvait admirable de renoncer, par patriotisme, à ce jeu des batailles où son génie faisait si brillante figure. C'est tout au plus si on ne le comparait pas à Cincinnatus retournant à sa charrue. On le représentait partout comme le type de l'abnégation. Le *Moniteur*, rédigé par ses partisans, préparait savamment la mise en scène de son retour. Tout était calculé pour l'effet.

L'itinéraire, depuis Passeriano jusqu'à Paris, devait donner lieu à une foule de récits faits pour frapper l'imagination des masses et surexciter la curiosité du public. Des correspondances, relatant les détails de ce voyage triomphal, allaient se succéder sans interruption et alimenter l'extrême intérêt qui s'attachait alors aux moindres actions, aux moindres paroles du vainqueur d'Italie. Lors de son passage à Mantoue, il logea dans le palais des anciens ducs. Le soir, toute la ville fut illuminée. Le lendemain, il passa la revue des troupes de la garnison ; ensuite, il se rendit à Saint-Georges, où l'on célébra une fête funèbre et militaire en l'honneur du général Hoche, et, à midi, il s'embarqua sur la flottille pour aller à la *Virgilienne* voir le monument qu'il faisait ériger au prince des poëtes latins.

Le 17 novembre 1797, laissant Joséphine en Italie auprès de son fils, Bonaparte partit de Milan pour Rastadt, où se tenait un congrès destiné à étendre à tout l'empire d'Allemagne la paix conclue entre l'Autriche et la France.

XII

LE RETOUR DE BONAPARTE EN FRANCE

XII

LE RETOUR DE BONAPARTE EN FRANCE

Bonaparte, accompagné de Marmont, de Duroc, de Lavalette, de Bourrienne, son secrétaire, et d'Yvan, son médecin, passe par le Piémont, mais évite de s'arrêter à Turin et de voir le roi de Sardaigne. Ce prince le fait complimenter et lui envoie, comme présents, deux beaux chevaux superbement harnachés avec, à l'arçon, des pistolets enrichis de diamants, qui ont appartenu au feu roi Charles-Emmanuel.

L'illustre voyageur franchit le mont Cenis. Arrivé à Chambéry, il y est accueilli avec enthousiasme. De là il se rend à Genève, où il s'arrête un jour. Il refuse d'aller voir Necker, qui l'attend sur la route, à la hauteur de son château de Coppet. Il ne veut pas non plus, malgré le désir qu'expriment ses aides de camp, visiter le château de Ferney, car il a des griefs contre la mémoire de Voltaire. Sa voiture s'étant brisée, il fait une partie de la route à pied ; les chemins sont remplis d'une foule immense, qui a passé la nuit debout, dans l'espoir de voir le vainqueur d'Italie.

Il arrive à Morat, le 23 novembre. C'est jour de marché ; on attend son passage. Mais écoutons l'auteur d'une correspondance datée de cette ville et insérée au *Moniteur :*

« J'ai vu avec un vif intérêt et avec une extrême attention cet homme extraordinaire, qui a fait de si grandes choses, et qui semble annoncer que sa carrière n'est pas terminée. Je l'ai trouvé fort ressemblant à son portrait, petit, mince, pâle, ayant l'air fatigué, mais non malade, comme on l'a dit. Il m'a paru qu'il écoutait avec plus de distraction que d'intérêt, et qu'il était plus occupé de ce qu'il pensait que de ce qu'on lui disait. Il y a beaucoup d'esprit dans sa physionomie ; on y remarque cet air de méditation habituelle, qui ne révèle rien de ce qui se passe dans l'intérieur de cette tête pensante, cette âme forte où il est impossible de ne pas supposer quelques pensées hardies qui influent sur la destinée de l'Europe. Un bon bourgeois de Morat, de cinq pieds sept à huit pouces, observait avec étonnement la figure de ce général.

« — Voilà une bien petite stature pour un si grand homme, s'écria-t-il assez haut pour être entendu de son aide de camp.

« — C'est justement la taille d'Alexandre, » dis-je.

« Ce qui fit sourire l'aide de camp, qui répondit :

« — Ce n'est pas là le trait le plus frappant de ressemblance. »

Bonaparte s'arrête près de l'ossuaire de Morat et se fait indiquer le lieu où fut donnée la bataille de ce nom. On lui montre une plaine en face d'une chapelle. Un officier qui a servi en France lui explique comment les Suisses, descendant des montagnes voisines, sont venus, à la faveur d'un bois, tourner l'armée des Bourguignons et la mettre en déroute.

« De combien était cette armée ? demanda Bonaparte.

— De soixante mille hommes.

— De soixante mille hommes ! Ils auraient dû couvrir ces montagnes. »

Le général Lannes dit alors :

« Les Français d'aujourd'hui combattent mieux que cela.

— Dans ce temps-là, reprend Bonaparte, les Bourguignons n'étaient pas des Français. »

Le voyage n'est qu'une suite d'ovations. En arrivant à Berne, à la nuit, Bonaparte passe au milieu d'une double file d'équipages éclairés et remplis de femmes. Son entrée à Bâle est annoncée par les canons des remparts de la ville. Aussitôt la forteresse d'Huningue répond à ces salves d'artillerie. A Offenbourg, il trouve le quartier général d'Augereau, alors général en chef de l'armée du Rhin. Augereau veut traiter d'égal à égal. Il envoie un aide de camp pour complimenter Bonaparte et pour l'engager à se reposer chez lui. Bonaparte répond qu'il est trop pressé pour s'arrêter, et continue sa route sans avoir vu son ancien lieutenant. A Rastadt, où il entre, escorté par un escadron autrichien des hussards de Seskler, il trouve les plénipotentiaires des puissances allemandes ; mais il ne s'y attarde pas, et, heureux d'être appelé par le Directoire, il s'empresse de partir en poste pour Paris, où il arrive le 5 décembre à 5 heures du soir.

Bonaparte rentre célèbre dans cet hôtel de la rue Chantereine d'où, vingt et un mois avant, il était parti presque obscur. Il se demande ce que va peser la gloire acquise dans l'immense cité où les impressions sont à la fois si vives et si fugitives. Quelle figure vont faire les directeurs au héros dont la gloire éclipse leur pâle renommée ? Et lui, que veut-il ? Sera-t-il César ? Sera-t-il Cromwell ? Sera-t-il Monk ? Sera-t-il Washington ? Autant de questions que se pose la foule. Mais l'impression dominante, c'est que Bonaparte est un homme de Plutarque, un homme antique, dont le génie n'est égalé que par l'abnégation.

Les Parisiens, impatients de se créer une idole, prêtent à leur favori tous les mérites, toutes les vertus. L'engouement égale la curiosité. Voir Bonaparte, parler à Bonaparte, est l'ambition de chacun. Les journaux vont relater avec une complaisance infati-

gable les moindres détails qui le concernent. Tout
autre sujet paraîtrait fade. Talleyrand veut aller lui
faire une visite le soir même de son arrivée. Bonaparte demande la permission de ne pas recevoir le
ministre, et, le lendemain, va le voir au ministère
des relations extérieures, où il est accueilli avec les
marques d'un respect enthousiaste. Son entrevue avec
les directeurs est des plus cordiales. Partout on vante
son affabilité, sa modestie. Il rend leurs visites, non
seulement aux principaux personnages de l'État, mais
même aux autorités subalternes; on lui en sait gré.
Le *Moniteur* du 10 décembre écrit : « Le général
Bonaparte est descendu et loge dans la maison de
son épouse, rue Chantereine, chaussée d'Antin. Cette
maison est simple et sans luxe. On prétend qu'il
repartira le 26 pour Rastadt. Il sort rarement et sans
suite, dans une simple voiture à deux chevaux. On
le voit assez souvent se promener seul dans son
modeste jardin. »

Bonaparte paraissait-il dans un lieu public, aussitôt
il se formait autour de lui un attroupement. Était-il
au théâtre, on n'écoutait plus les acteurs, toutes les
lorgnettes se tournaient vers la loge où il se cachait,
comme pour rendre la curiosité plus ardente encore.
Connaissant le caractère parisien, il savait bien que
l'attention de la grande capitale ne se porte jamais
longtemps de suite sur le même objet; aussi ne se
prodiguait-il pas. Dans son langage, comme dans sa
mise et ses manières, il affectait une simplicité qui

contrastait singulièrement avec sa gloire, et ne pouvait manquer d'impressionner un public républicain. Malgré cette modestie d'emprunt, il songeait surtout aux moyens de causer à la France et au monde de nouvelles surprises.

XIII

LES FÊTES A PARIS

XIII

Il s'agit, pour les directeurs, de recevoir solennel-
lement le vainqueur d'Italie. Les appartements du
Luxembourg paraissent insuffisants. Le 10 décembre,
c'est la grande cour qui est transformée en une salle
immense, décorée de trophées et de drapeaux.

A 11 heures du matin, les membres du Directoire se réunissent au palais chez leur collègue le
citoyen La Réveillère-Lepeaux. Les ministres, les
membres du corps diplomatique, les officiers de la
garnison de Paris sont successivement annoncés.
A midi, l'artillerie, placée dans le jardin, donne le
signal de la fête. Un corps de musique, exécutant les
airs favoris des républicains français, précède le cortège, qui traverse les galeries du palais et arrive
dans la grande cour. Au fond, adossé contre le vesti-
bule principal, s'élève l'autel de la Patrie, que sur-
montent les statues de la Liberté, de l'Égalité et de la
Paix. Au-dessous de l'autel, il y a cinq fauteuils pour

12

les directeurs, en costume romain, et une estrade pour les membres du corps diplomatique. De chaque côté, s'étend un vaste amphithéâtre, destiné aux autorités constituées et au Conservatoire de musique. A droite et à gauche de cet amphithéâtre est placé un faisceau de drapeaux des différentes armées de la République. Les murs de la cour sont ornés de tentures tricolores et surmontés d'un vaste velarium. Une foule immense garnit la cour et les fenêtres des appartements, transformées en autant de tribunes. Toutes les sommités de Paris se sont donné rendez-vous à cette fête. Les hommes, fiers de leurs uniformes, les beautés à la mode, fières de leurs parures, se reconnaissent et se saluent. Bruyante et agitée, la foule attend avec impatience celui dont le nom est dans toutes les bouches.

Le Conservatoire joue une symphonie. Tout à coup le son des instruments est couvert par une explosion de vivats. Les acclamations retentissent de toutes parts :

« Vive la République ! Vive Bonaparte ! Vive la grande nation ! Le voilà ! s'écrie-t-on. Le voilà, le vainqueur de Lodi, de Castiglione, d'Arcole, le pacificateur du continent, l'émule des Alexandre et des César, le voilà ! »

Sa petite taille, sa maigreur, son aspect chétif ne l'empêchent pas d'être majestueux, car il a la majesté de la gloire. On ne fait plus aucune attention ni aux directeurs, ni aux hommes célèbres qui se trouvent déjà dans l'assistance. C'est sur lui, sur lui seul, que se fixent tous les regards. Il s'avance, d'un air calme et modeste, accompagné par les ministres des relations extérieures et de la guerre, et suivi par ses aides de camp. Le Conservatoire entonne l'hymne à la Liberté.

Le *Moniteur* du 26 frimaire an VI ajoute, dans le style qui lui est propre : « L'Assemblée, transportée, répète en chœur le refrain guerrier. L'invocation à la Liberté et l'aspect du libérateur de l'Italie électrisent toutes les âmes ; le Directoire, tout le cortège, tous les assistants sont debout et découverts pendant ce couplet religieux. »

Le général Bonaparte, parvenu au pied de l'autel de la Patrie, est présenté au Directoire par le *citoyen* Talleyrand, ministre des relations extérieures, qui prononce le discours suivant :

« Citoyens directeurs, j'ai l'honneur de présenter au Directoire exécutif le citoyen Bonaparte, qui apporte la ratification du traité de paix conclu avec l'empereur. En nous apportant ce gage certain de la paix, il nous rappelle, malgré lui, les innombrables merveilles qui ont amené un si grand événement ; mais qu'il se rassure, je veux bien taire, en ce moment, tout ce qui fera l'honneur de l'histoire et l'admiration de la postérité. Je veux même aujourd'hui ajouter, pour satisfaire à ses vœux impatients, que cette gloire, qui jette sur la France un si grand éclat, appartient à la Révolution. Sans elle, en effet, le génie du vainqueur de l'Italie eût langui dans de vulgaires honneurs. »

Talleyrand a grand soin de mêler dans ses éloges la République et le général :

« Tous les Français, dit-il, ont vaincu en Bonaparte. Sa gloire est la propriété de tous : il n'est aucun républicain qui ne puisse en revendiquer sa part... La grandeur personnelle, loin de blesser l'égalité, en est le plus beau triomphe ; et, dans cette journée même, les républicains français doivent tous se trouver plus grands. »

Le *citoyen* Talleyrand, comme on appelle alors le futur prince de Bénévent, tient le langage du courtisan le plus raffiné. Les ministres de Louis XIV, en parlant à leur maître, n'étaient pas plus habiles dans l'art de la flatterie. Curieuses vicissitudes ! Talleyrand, ce ministre des affaires étrangères de la République, une et indivisible, c'est, hélas ! l'ancien évêque qui disait la messe en présence de Louis XVI et de Marie-Antoinette, sur l'autel du Champ-de-Mars, pour la fête de la Fédération. Ce républicain zélé, cet inspirateur du 18 fructidor, se posera un jour en champion de la légitimité et ne se souviendra point d'avoir été le ministre de la République et de l'Empire.

Mais c'est à peine si on l'écoute. On trouve sa harangue prolixe, on est impatient d'entendre Bonaparte, Bonaparte, le dieu du jour. Les instants qui séparent du moment où parlera le vainqueur d'Arcole semblent des instants perdus, et l'on n'excuse la lon-

gueur du discours du ministre qu'en raison des
louanges hyperboliques qu'il prodigue au héros de
la fête.

Bonaparte va prendre la parole ; il se fait un profond silence. Le négociateur guerrier remet au président du Directoire la ratification donnée par l'empereur au traité de Campo-Formio, et prononce le discours suivant :

« Citoyens, le peuple français, pour être libre,
avait les rois à combattre. Pour obtenir une Constitution fondée sur la raison, il y avait dix-huit siècles
de préjugés à vaincre. La Constitution de l'an III et
vous, avez triomphé de tous les obstacles. La religion, la féodalité, le royalisme ont successivement,
depuis vingt siècles, gouverné l'Europe ; mais de la
paix que vous venez de conclure date l'ère des gouvernements représentatifs. Vous êtes parvenus à
organiser la grande nation, dont le vaste territoire
n'est circonscrit que parce que la nature en a posé
elle-même les limites. Vous avez fait plus. Les deux
plus belles parties de l'Europe, jadis si célèbres par
les arts, les sciences et les grands hommes dont elles
ont été le berceau, voient avec les plus grandes espérances le génie de la liberté sortir du tombeau de
leurs ancêtres. Ce sont deux piédestaux sur lesquels
les destinées vont placer deux puissantes nations. J'ai
l'honneur de vous remettre le traité signé à Campo-
Formio et ratifié par S. M. l'empereur. La paix assure
la liberté, la prospérité et la gloire de la République.

Lorsque le bonheur du peuple français sera assis sur de meilleures lois organiques, l'Europe entière deviendra libre. »

Ce bref discours, prononcé d'une voix saccadée, avec le ton du commandement, produit plus d'impression que n'en produirait la voix des orateurs les plus fameux du siècle. Quand Bonaparte finit de parler, des acclamations retentissent de toutes parts et, dépassant l'enceinte, se prolongent sur la place, dans les rues adjacentes, pleines d'une foule innombrable.

Le citoyen Barras prend ensuite la parole, en qualité de président du Directoire, et l'on doit avouer que, s'il nourrit contre Bonaparte une jalousie secrète, il a le talent de la bien cacher ; son discours est beaucoup plus enthousiaste que celui de Talleyrand lui-même. Qu'on en juge par l'exorde :

« Citoyen général, la nature, avare de ses prodiges, ne donne que de loin en loin des grands hommes à la terre ; mais elle doit être jalouse de marquer l'aurore de la liberté par un de ces phénomènes, et la sublime Révolution du peuple français, nouvelle dans l'histoire des nations, devait présenter un génie nouveau dans l'histoire des hommes célèbres. Le premier de tous, citoyen général, vous avez secoué le joug des parallèles, et du même bras vous avez terrassé les ennemis de la République, vous avez écarté les rivaux que l'antiquité vous présentait... Après dix-huit siècles, vous avez vengé la France de la fortune de César ; il apporta dans nos champs l'asservissement et la destruction, vous avez porté dans son antique patrie la liberté et la vie. Ainsi se trouve acquittée l'immense dette que le ressentiment des Gaulois avait contractée envers l'orgueilleuse Rome. »

Bonaparte vengeant la France de la fortune de César, c'est une pensée au moins imprévue.

Après avoir terminé sa harangue longue et ampoulée, Barras, tendant les bras à Bonaparte, lui donne l'accolade fraternelle.

« Tous les spectateurs sont attendris, dit le *Moniteur*, tous regrettent de ne pouvoir aussi presser contre leur sein le général qui a si bien mérité de la patrie, et lui payer leur part de la reconnaissance nationale. »

Bonaparte descend alors les marches de l'autel, et le ministre des relations extérieures le conduit à un fauteuil qui lui a été préparé en avant du corps diplomatique. Les chœurs et l'orchestre |du Conservatoire exécutent le *Chant du retour*, paroles du *citoyen* Chénier, musique du *citoyen* Méhul. Il y a le couplet des guerriers, le couplet des vieillards, le couplet des bardes, le couplet des jeunes filles.

Le ministre de la guerre présente ensuite au Directoire le général Joubert et le chef de brigade Andréossy, que Bonaparte, à son départ de l'armée d'Italie, a chargés de rapporter au Directoire le drapeau que le Corps législatif a décerné à cette brave armée, en signe de reconnaissance nationale, et sur lequel des inscriptions en lettres d'or rappellent les principaux

exploits des vainqueurs d'Italie. Glorieuses inscriptions ! Elles mentionnent qu'ils ont fait cent cinquante
mille prisonniers, qu'ils ont pris cent soixante-dix
drapeaux, cinq cent cinquante pièces d'artillerie de
siège, six cents pièces de campagne ; qu'ils ont gagné
dix-huit batailles rangées ; qu'ils ont envoyé à Paris
les chefs-d'œuvre de Michel-Ange, du Guerchin, du
Titien, de Paul Véronèse, du Corrège, de l'Albane,
des Carraches, de Raphaël, de Léonard de Vinci !
Le voilà, l'illustre étendard, le voilà, l'oriflamme de
la République !

« Quel Français, s'écrie le ministre de la guerre,
quel Français, digne de ce nom, ne sentira pas son
cœur palpiter à l'aspect de cette bannière ? Éternel
monument du triomphe de nos armes, sois à jamais
consacré, dans le Capitole français, au milieu des
trophées conquis sur les nations vaincues ! Gloire à
vous, vaillants défenseurs de la patrie, généraux et
soldats, qui avez environné de tant d'éclat le berceau
de la République ! »

Après un discours du général Joubert et un autre
du chef de brigade Andréossy, l'artillerie salue le
drapeau triomphal par une décharge de toutes ses
pièces. Le président du Directoire le reçoit des mains
de deux guerriers :

« Au nom de la République française, s'écrie-t-il,
je te salue, drapeau révélateur de tant de hauts faits !...
Braves soldats, allez sur les bords de la Tamise pur-
ger l'univers des monstres qui l'oppriment et qui le

déshonorent... Que le palais de Saint-James s'écroule !
La patrie le veut, l'humanité l'exige, votre vengeance
l'ordonne... Citoyen général, vous paraissez entouré
des rayons de votre gloire dans des murs où, il y a
quelques mois, des conspirateurs en délire s'écriaient
avec fureur :

« Et cet homme vit encore ! »

« Oui, il vit pour la gloire de la nation et pour la
défense de la patrie. »

Les chœurs du Conservatoire entonnent le *Chant
du départ*, dont le public répète le refrain, et un officier supérieur, portant avec vénération le drapeau de
l'armée d'Italie, va le suspendre à la voûte de la salle
des séances du Directoire.

Quelle fête magnifique ! Quels transports d'enthousiasme sincère et généreux ! On a souvent parlé avec
trop de dédain d'un gouvernement qui présidait à de
pareilles solennités. N'avait-il pas un talisman qui
console de toutes les misères : la victoire ? Ah ! sans
doute, il est plus facile de critiquer que d'imiter le
Directoire. Un gouvernement qui pouvait tenir un si
fier langage à l'Europe a des droits, malgré ses fautes
et ses faiblesses, à l'indulgence de la postérité. Un
gouvernement qui donnait à la France ses frontières
naturelles, et qui avait su conquérir non seulement
le territoire, mais le cœur des populations annexées,
un tel gouvernement s'appuyait sur des idées et des
principes dont on ne peut méconnaître la grandeur.

Après la fête du Luxembourg, nouvelle fête au

ministère des relations étrangères. Depuis 1797, Talleyrand occupait ce ministère, malgré ses antécédents, malgré Carnot, qui disait avec raison :

« Qu'on ne m'en parle pas. Il a vendu son ordre, son roi, son Dieu. »

Mais Mme de Staël, alors plus influente que Carnot, avait obtenu la nomination de l'ancien évêque d'Autun.

Quand Bonaparte est de retour à Paris, Talleyrand cherche à le circonvenir, à l'accaparer. Il veut donner, en son honneur, une grande fête, mais il attend pour cela l'arrivée de Joséphine. L'ex-vicomtesse de Beauharnais aime le luxe, la toilette, le plaisir. Elle fera bien dans ses salons, où elle reconnaîtra, non sans émotion, d'anciens amis, qui espèrent profiter de son influence.

Joséphine revient d'Italie le 2 janvier 1798. Le bal du ministère des relations étrangères a lieu le lendemain.

Et d'abord un mot du local. Le ministère est l'ancien hôtel Galliffet, situé, entre cour et jardin, rue du Bac, au coin de la rue de Grenelle. Talleyrand a bien fait les choses. La fête sera splendide. L'escalier est couvert de plantes rares, les musiciens sont placés autour de la coupole, décorée d'arabesques, qui termine l'escalier. Tous les murs des salons ont été repeints à neuf. On a bâti un petit temple étrusque, dans lequel est placé le buste de Brutus, présent du général Bonaparte. Il y a dans le jardin, que les feux de Bengale illuminent, des tentes sous lesquelles se trouvent des soldats appartenant à tous les corps de la garnison de Paris.

La fête commence. Le ministre en fait admirablement les honneurs. Il a changé d'opinions politiques et surtout d'ambitions, mais il n'a pas changé de manières. C'est un républicain dont toutes les allures sont restées monarchiques. Il aime le faste, l'étiquette. Il a cette politesse froide, ce calme de bonne compagnie, cette science des nuances qui distinguaient jadis les hommes de son rang.

Depuis bien des années, on n'a pas vu pareille pompe et pareil éclat. On ne se croirait plus dans la ville des carmagnoles, des bonnets rouges, de l'échafaud. Les parfums y ont remplacé l'odeur du sang, et l'on ne se souvient des souffrances et des dangers passés que comme d'un mauvais rêve. Que de jolies femmes ! Que de fleurs ! Que de lumières ! Ne dirait-on pas qu'on est revenu aux beaux jours de Marie-Antoinette ?

Mme Bonaparte est éblouie. On la regarde beaucoup, mais son mari produit plus d'effet qu'elle. C'est la présence du vainqueur d'Arcole, du signataire de la paix de Campo-Formio, qui est la grande attraction de la fête. Sa physionomie bizarre, accentuée, son profil romain, à l'œil d'aigle, excitent bien davantage l'admiration que le gracieux visage des beautés les plus en vogue. Un regard, une parole, la moindre marque d'attention, venant de lui, sont considérés comme une grande faveur.

Le voilà qui entre dans la salle de bal.

« Donnez-moi votre bras, dit-il au poète Arnault, je vois là nombre d'importuns tout prêts à m'assaillir. Tant que nous serons ensemble, ils n'oseront pas entamer une conversation qui interromprait la nôtre. Faisons un tour dans la salle ; vous me ferez connaître les masques, car vous connaissez tout le monde, vous. »

Quelle est cette belle jeune fille qui s'avance près de sa mère ? Toutes deux ont la même toilette : robe de crêpe blanc, garnie avec deux larges rubans d'argent brodés, avec un bouillon gros comme le pouce, en gaze rose lamée d'argent et, sur la tête, une guirlande en feuilles de chêne. La mère a des diamants, la fille des perles. C'est la seule différence qu'il y ait dans leurs parures. La mère est Mme de Permon, la fille est la future duchesse d'Abrantès.

Arnault, dont le général a quitté le bras, a été s'asseoir sur une banquette. A peine est-il là que Mme de Staël vient prendre place à côté de lui :

« On ne peut pas aborder votre général, lui dit-elle, il faut que vous me présentiez à lui. »

Elle s'empare du poète et le mène droit à Bonaparte à travers le cercle qui s'écarte ou plutôt qu'elle écarte.

« Général, dit alors Arnault, Mme de Staël prétend avoir besoin, auprès de vous, d'une autre recommandation que de son nom et veut que je vous la présente. Permettez-moi, général, de lui obéir. »

Le cercle se resserre ; on écoute avec une extrême attention. Mme de Staël accable d'abord le héros de compliments enthousiastes, mais, un peu refroidie par son accueil presque bourru, elle dit tout bas à Arnault :

« Votre grand homme est vraiment un homme bien singulier. »

A minuit, la musique joue le *Chant du départ*, et toutes les femmes se rendent dans la galerie, où est servie une table de trois cents couverts. Talleyrand porte des toasts qui alternent avec des couplets. Dans l'intervalle des chants, Dugazon raconte « l'histoire drôlatique d'un baron allemand », genre de farce très appréciée à cette époque.

Après le souper, le bal recommence. Bonaparte se retire à 1 heure du matin. Pendant le souper, il est resté auprès de sa femme, ne cessant de s'occuper d'elle.

La fête a coûté douze mille sept cent trente livres, sans compter les chanteurs, le souper et la police. Des conventionnels, des régicides, des Jacobins, y figuraient à côté de grands seigneurs et de grandes dames d'autrefois. C'est pour cela qu'elle a tant plu à Bonaparte, qui la citera jusque sur le rocher de Sainte-Hélène, « comme marquée au coin du bon goût. »

Ce bal avait été un événement politique et social, une vraie restauration : la restauration de l'élégance et des mœurs de l'ancien régime, le commencement d'une nouvelle cour. Sous le masque démocratique du *citoyen* Talleyrand, ministre républicain, perçait déjà le visage du grand-chambellan, et Bonaparte, sachant bien que, sous tous les régimes, les Français aimeront le luxe et les parures, les fêtes et les plaisirs, les honneurs et les décorations, pensait déjà sans doute aux splendeurs futures des Tuileries.

XIV

JOSÉPHINE AVANT L'EXPÉDITION D'ÉGYPTE

XIV

JOSÉPHINE AVANT L'EXPÉDITION D'ÉGYPTE

Bonaparte paraissait au comble de la gloire, et cependant il n'était pas satisfait. En vain la foule lui témoignait une sorte d'idolâtrie. Rien ne pouvait remplir le gouffre de son ambition. Jamais pourtant aucun souverain, dans sa capitale, n'avait produit une plus grande impression que le vainqueur d'Arcole. Son modeste hôtel avait plus de prestige que les palais somptueux. Un soir qu'il rentrait, il fut tout étonné de voir des ouvriers qui changeaient la plaque de sa rue ; la nouvelle dénomination était : rue de la Victoire. Chaque fois qu'il allait au spectacle, il avait beau se cacher au fond de la loge, il était, malgré lui, l'objet d'ovations enthousiastes.

Un matin, il envoyait son secrétaire Bourrienne demander à un directeur de théâtre la représentation, pour le soir même, de deux des pièces les plus en vogue, si cela était possible. Le directeur répondit :

13

« Rien n'est impossible pour le général Bonaparte, il a rayé ce mot-là du dictionnaire. »

Nommé membre de l'Institut, le 26 décembre 1797, le vainqueur d'Italie faisait peut-être encore plus d'effet avec l'habit à palmes vertes qu'avec l'uniforme de général. Le jour de sa réception, dans le palais du Louvre, où l'Institut tenait alors ses séances, le public n'avait de regards que pour ce jeune homme extraordinaire. Chénier lisait une pièce de vers célébrant la mémoire de Hoche. Mais le héros du moment ce n'était pas Hoche, c'était Bonaparte, et le passage qui souleva le plus d'applaudissements fut celui où le poëte disait, en parlant du projet de descente en Angleterre :

> Si jadis un Français des rives de Neustrie
> Descendit dans leurs ports, précédé de l'effroi,
> Vint, combattit, vainquit, fut conquérant et roi,
> Quels rochers, quels remparts deviendront leur asile,
> Quand Neptune irrité lancera, dans leur île,
> D'Arcole et de Lodi les terribles soldats,
> Tous ces jeunes héros, vieux dans l'art des combats,
> La grande nation à vaincre accoutumée,
> Et le grand général guidant la grande armée?

Toute l'assistance poussait alors des cris de joie, et, le soir, Bonaparte recevait, entre autres visites, celle de Mme Tallien, qui venait le féliciter de son nouveau triomphe.

Joséphine jouissait de la gloire de son époux, et rien alors ne troublait son bonheur. Eugène était

Bonaparte reçu par l'Institut.

revenu d'Italie. Hortense était à Saint-Germain, chez Mme Campan. Au mois de mars 1798, elle jouait devant Bonaparte la tragédie d'Esther et rappelait ainsi les représentations de Saint-Cyr au temps de Louis XIV.

Joséphine n'avait jamais été plus heureuse, elle aimait beaucoup le monde, sa maison était le rendez-vous des sommités de Paris ; elle donnait des dîners littéraires, où la conversation étincelante, profonde, originale, de son époux éblouissait des savants tels que Monge, Berthollet, Laplace ; des hommes de lettres tels que Ducis, Legouvé, Lemercier, Bernardin de Saint-Pierre ; des artistes tels que David et Méhul.

Le *Moniteur* s'extasiait sur le génie universel de ce jeune général qui faisait l'admiration de ses collègues de l'Institut et parlait d'une manière merveilleuse de mathématiques avec Lagrange, de poésie avec Ché-nier, de droit avec Daunou. Mais ni l'affection de Joséphine, ni la pléïade de courtisans dont il se voyait entouré, ni les succès de tout genre, ni les perpétuelles satisfactions d'amour-propre que lui pro-diguait la fortune ne pouvaient distraire cet esprit, incapable de repos, à qui les grandes émotions, les grands hasards, les grands périls étaient indispen-sables. Inquiet, avide d'action, il voyait arriver avec anxiété l'heure où la curiosité publique se blaserait de sa gloire comme on se blase de tout.

« On ne conserve à Paris le souvenir de rien, disait-il à Bourrienne. Si je reste longtemps sans y rien faire, je suis perdu. Une renommée dans cette grande Babylone en remplace une autre. On ne m'aura pas vu trois fois au spectacle que l'on ne me regardera plus ; aussi n'irai-je que rarement. »

L'administration de l'Opéra lui offrit une représentation de gala ; il ne l'accepta point. Et comme Bourrienne lui faisait observer que ce devrait pourtant être une chose douce, pour lui, que d'entendre les acclamations de ses concitoyens :

« Bah, répondait-il, le peuple se porterait avec autant d'empressement au-devant de moi, si j'allais à l'échafaud. »

« Ce Paris, disait-il encore, me pèse comme un manteau de plomb. »

Dans cette ville, qui engloutit tant de réputations et où tout s'use si rapidement, il se souvenait de César, qui aurait mieux aimé être le premier dans un village que le second à Rome. Sans doute, il n'y avait pas dans toute la France un nom aussi célèbre que le sien ; mais, au point de vue de la hiérarchie, les directeurs avaient le pas sur lui et ils étaient, en réalité, les chefs d'un gouvernement dont lui n'était que le fonctionnaire. Ils auraient pu, d'un mot, lui retirer son commandement. Mme de Staël raconte qu'un soir Bonaparte parlait à Barras de son ascendant sur les peuples italiens, qui avaient voulu le faire duc de Milan et roi d'Italie.

« Mais je ne pense, ajouta-t-il, à rien de semblable dans aucun pays.

— Vous faites bien de n'y pas songer en France, répliqua Barras ; car, si le Directoire vous envoyait demain au Temple, il n'y aurait pas quatre personnes pour s'y opposer. »

Bonaparte sentait au fond que Barras disait vrai. Une capitale telle que Paris lui paraîtrait supportable seulement s'il en était le maître. Habitué, depuis deux ans, à ne relever que de lui-même, à agir en souverain absolu, il se trouvait dépaysé dans une ville où tous les rouages du gouvernement n'étaient pas entre ses mains. Il disait, à la fin de janvier 1798 :

« Bourrienne, je ne veux pas rester ici ; il n'y a rien à faire. Ils ne veulent entendre à rien. Je vois que, si je reste, je suis coulé dans peu. Tout s'use ici, je n'ai déjà plus de gloire ; cette petite Europe n'en fournit pas assez. Il faut aller en Orient ; toutes les grandes gloires viennent de là. Cependant, je veux auparavant faire une tournée sur les côtes, pour m'assurer, par moi-même, de ce que l'on peut entreprendre. Je vous emmènerai, vous, Lannes et Sulkowski. Si la réussite d'une descente en Angleterre me paraît douteuse, comme je le crains, l'armée d'Angleterre deviendra l'armée d'Orient, et je vais en Égypte. »

Commencée le 10 février 1798, la tournée de Bonaparte dans les ports du Nord ne dura que huit jours. Il revint à Paris par Anvers, Bruxelles, Lille et Saint-Quentin :

« Eh bien, général, lui dit alors Bourrienne, que

pensez-vous de votre voyage? Êtes-vous content? Pour moi, je vous avoue que je n'ai pas trouvé de grandes ressources et de grandes espérances dans tout ce que j'ai vu et entendu. »

Bonaparte répliqua :

« C'est un coup trop chanceux, je ne le hasarderai pas. Je ne veux pas jouer ainsi le sort de cette belle France. »

A partir de ce moment, l'expédition d'Égypte fut résolue. L'année précédente, quand il était à Passeriano, Bonaparte avait dit :

« L'Europe est une taupinière; il n'y a jamais eu de grands empires et de grandes révolutions qu'en Orient, où vivent six cents millions d'hommes. »

Se grandir par l'éloignement, triompher au pays de la lumière, dans la patrie des fondateurs de religions, des fondateurs d'empires, prendre les Pyramides comme piédestal de sa gloire, arriver à des résultats étranges, colossaux, fabuleux, faire de la Méditerranée un lac français, remonter le Nil dompté, parcourir l'Afrique et l'Asie, arracher les Indes à l'Angleterre, tels étaient les rêves gigantesques de cet homme qui, avec plus de raison que Fouquet, car Fouquet n'avait que de l'argent et lui avait de la gloire, était tenté de s'écrier, dans un transport de fière allégresse :

« *Quo non ascendam?* Où ne monterai-je pas? »

Le but de l'expédition qu'il allait entreprendre était inconnu, et cependant chacun aurait voulu l'accompagner. Où irait-il? On ne le savait pas, mais on le suivait aveuglément, car on croyait à son étoile. Chose étrange! Bonaparte n'indiquait même pas à ses principaux généraux les rivages où il les ferait aborder. Le *Moniteur*, dans son numéro du 31 mars, ayant eu l'imprudence de prononcer le nom de l'Égypte, le Directoire détruisit l'effet de cette maladresse, en publiant un arrêté par lequel il ordonnait à Bonaparte de se rendre à Brest, pour y prendre le commandement de l'armée d'Angleterre.

Ce n'étaient pas seulement les militaires qui demandaient avec ardeur à faire partie de l'expédition, c'étaient des civils, des savants, des ingénieurs, des artistes. Bonaparte eut toutefois le regret de ne pouvoir emmener avec lui Ducis, le poète, Méhul, le compositeur de musique, et Lays, le chanteur. Mais Ducis était trop vieux pour faire campagne, Méhul dut rester au Conservatoire, Lays à l'Opéra.

« Je suis fâché qu'il ne veuille pas nous suivre, disait le général en chef à Arnault, en parlant de ce chanteur; c'eût été notre Ossian. Il nous en faut un, il nous faut un barde qui, au besoin, chante à la tête de nos colonnes. Sa voix eût été d'un si bon effet sur le soldat. Personne, sous ce rapport, ne me convenait mieux que lui. »

Bonaparte voulait transporter sur les rives du Nil la civilisation de Paris. Il désigna, pour le suivre, comme savants: Monge, Berthollet, Denon, Dolomieu; comme littérateurs: Arnault et Parceval;

comme artistes : le pianiste Rigel et le chanteur Vil-
leteau, qui doublait Lays à l'Opéra. Bourrienne,
dans le secret de l'expédition, demandait au général
combien de temps il avait l'intention de rester en
Égypte :

« Peu de mois, ou six ans, répondit Bonaparte;
tout dépend des événements. Je coloniserai ce pays;
je ferai venir des artistes, des ouvriers de tout genre,
des femmes, des acteurs. Nous n'avons que vingt-
neuf ans, nous en aurons trente-cinq; ce n'est pas
un âge. Ces six ans me suffisent, si tout me réussit,
pour aller dans l'Inde. Dites toujours à ceux qui vous
parleront de votre départ que vous allez à Brest,
dites-le même à votre famille. »

Bonaparte était impatient d'agir. L'odeur de la
poudre lui manquait. Pendant le temps qu'il passa
à Paris, entre la campagne d'Italie et l'expédition
d'Égypte, il ne quitta pas un seul jour ses éperons,
quoiqu'il ne portât pas l'habit militaire. Dans son
écurie, il avait, nuit et jour, un cheval sellé et bridé.

Un instant, on fut sur le point de renoncer à la
campagne d'Égypte, la guerre avec l'Autriche parais-
sant imminente. Mais, ces complications se trouvant
écartées, les préparatifs furent repris avec vigueur. Il
ne manquait pas cependant de personnes qui regret-
taient le départ de Bonaparte et soutenaient que sa
vraie place était en France :

«Le Directoire veut vous éloigner, lui dit Arnault,
la France veut vous garder. Les Parisiens vous

reprochent votre résignation ; ils crient plus fort que jamais contre le gouvernement. Ne craignez-vous pas qu'ils ne finissent par crier après vous ?

— Les Parisiens crient, répondit Bonaparte ; mais ils n'agiraient pas. Ils sont mécontents, mais ils ne sont pas malheureux. Si je montais à cheval, personne ne me suivrait ; le moment n'est pas venu. Nous partirons demain. »

Le 3 mai 1798, Bonaparte et Joséphine, après avoir dîné, en petit comité, au Luxembourg, chez Barras, se rendirent au Théâtre-Français, où Talma jouait *Macbeth*, de Ducis. Le vainqueur d'Italie fut salué par les mêmes acclamations qu'aux premiers jours de son retour. A la fin du spectacle, il rentra chez lui et, à minuit, il se mit en route, emmenant dans sa voiture Joséphine, Eugène, Bourrienne, Duroc et Lavalette. Paris ignorait son départ et, le lendemain matin, quand tout le monde le croyait rue de la Victoire, il était déjà loin, sur la route du Midi. Voulant déjouer les espions anglais, qui ne savaient pas encore le but de l'expédition, il avait fait silencieusement ses préparatifs et n'avait pas même laissé Joséphine aller à Saint-Germain embrasser sa fille avant de partir. Joséphine ignorait pourtant quelle serait la durée de son absence, et Bonaparte ne lui avait pas dit s'il lui permettrait de le suivre dans l'expédition mystérieuse qu'il était sur le point d'entreprendre.

Marmont a raconté un incident qui faillit être funeste aux voyageurs. Ils étaient arrivés à Aix-en-

Provence, à l'entrée de la nuit, se rendant en toute hâte à Toulon. Voulant continuer leur chemin, mais sans traverser Marseille, où ils auraient été probablement retardés, ils prirent, par Roquevaire, une voie plus directe mais moins fréquentée; les postillons n'y avaient point passé depuis quelques jours.

Tout à coup la voiture, à une descente qu'elle parcourt rapidement, est arrêtée par un choc violent. Chacun se réveille en sursaut et se hâte de descendre de la berline, pour connaître la cause de l'accident. Une forte branche d'arbre, avançant sur la route, avait barré le chemin de la voiture. Or, à dix pas de là, au bas de la descente, un pont placé sur un torrent qu'il fallait traverser s'était écroulé la veille. Personne n'en savait rien, et la voiture allait infailliblement tomber dans l'abîme, quand la branche d'arbre la retint au bord du précipice :

« Ne semble-t-il pas, ajoute Marmont, voir la main manifeste de la Providence? N'est-il pas permis à Bonaparte de croire qu'elle veille sur lui? Et sans cette branche d'arbre, si singulièrement placée et assez forte pour résister, que serait devenu le conquérant de l'Égypte, le conquérant de l'Europe, celui dont, pendant quinze ans, la puissance s'exerça sur la surface du monde? »

A quoi tiennent les destinées des mortels? Devant la Providence, les plus grands hommes sont-ils autre chose que des pygmées? Que la branche d'arbre eût été un peu moins résistante, c'en était fait de Napoléon : pas de bataille des Pyramides, pas de 18 brumaire, pas de Consulat, pas d'Empire, pas de sacre, pas d'Austerlitz, pas de Waterloo. Aurait-il été heureux pour Napoléon de mourir à vingt-neuf ans, avant ses plus grandes gloires, mais aussi avant ses malheurs?...

En 1798, Bonaparte était loin de se poser pareille question. Lorsqu'il arriva, le 9 mai, à Toulon, il n'y avait en lui que fierté, enthousiasme, espérance. A Paris il étouffait, à Toulon il respire ; il sent qu'il est le maître. Paris, malgré son animation et son éclat, lui avait paru un tombeau, dont il était heureux d'avoir soulevé le lourd couvercle. Devant son armée, il se sent revivre. Les acclamations des soldats, des matelots, le bruit des armes, le murmure des vagues, le son du clairon, le roulement des tambours l'exaltent. La guerre ne lui apparaît que sous ses beaux et glorieux aspects. Où va-t-il? Nul ne le dit encore. Sur quels rivages abordera-t-il? En Portugal ou en Angleterre? en Crimée ou en Égypte? Subjuguera-t-il la terre des Pharaons? Percera-t-il l'isthme de Suez? Veut-il prendre Jérusalem, comme Godefroy de Bouillon? Pénétrer dans l'Inde, comme Alexandre? Les choses mystérieuses ont le don de frapper les masses. Le plus grand prestige de l'expédition, c'est que la foule en ignore le but. L'incertitude plane sur l'Europe, sur l'Afrique, sur l'Asie. L'Angleterre, anxieuse, se demande où tombera le tonnerre.

Plus l'aventure qu'il va tenter sera périlleuse, plus elle aura d'attraits pour Bonaparte. On retrouve, dans toute sa carrière, ce goût de l'extraordinaire, de l'inconnu, cette passion de vaincre les obstacles jugés insurmontables. Il poursuivra toujours la victoire comme le chasseur poursuit sa proie, avec une ardeur dévorante. Même à l'heure où il va quitter sa femme et sa patrie, tout sentiment de tristesse lui paraîtrait indigne de lui. Il se reprocherait une larme comme une défaillance.

Depuis l'Italie les rôles ont changé. Dès son arrivée à Toulon, Bonaparte déclare à Joséphine qu'il ne peut l'emmener en Égypte dans la crainte de l'exposer aux fatigues et aux dangers de la traversée, du climat et de l'expédition. Joséphine répond que rien de tout cela ne saurait l'effrayer; qu'en trois voyages elle a déjà franchi, sur mer, plus de cinq mille lieues, qu'elle est créole et que la chaleur ne lui ferait aucun mal. Bonaparte, pour la consoler, promet de l'appeler dans deux mois, quand il sera établi en Égypte, et de l'envoyer chercher par la frégate *la Pomone*, qui lui avait fait faire sa première traversée de la Martinique en France.

Joséphine écrit donc à sa fille, le 15 mai : « Je suis à Toulon depuis cinq jours, ma chère Hortense; je n'ai point été fatiguée de la route, mais bien chagrine de t'avoir quittée précipitamment sans pouvoir te dire adieu, non plus qu'à ma chère Caroline. Mais, ma chère fille, je suis un peu consolée par l'espoir que j'ai de t'embrasser bientôt. Bonaparte ne veut pas que je m'embarque avec lui ; il désire que j'aille aux eaux avant que d'entreprendre le voyage d'Égypte. Il m'enverra chercher dans deux mois. Ainsi, mon Hortense, j'aurai encore le plaisir de te presser contre mon cœur et de t'assurer que tu es bien aimée. Adieu, ma chère fille. »

Bonaparte savait, par les mouvements des Anglais, qu'il n'y avait pas un moment à perdre pour partir ; mais les vents contraires le retinrent pendant dix jours à Toulon. Il employa ce temps à haranguer l'armée, à terminer l'embarquement, à organiser une tactique. Cinq cents voiles allaient flotter à la fois sur la Méditerranée. La flotte, qui avait de l'eau pour un mois, des vivres pour deux, portait environ quarante mille hommes de toutes armes et dix mille marins. Cinq cents grenadiers, exercés à la manœuvre du canon, furent placés sur chaque bâtiment de haut bord, avec ordre, en cas de rencontre de la flotte anglaise, de courir sus, vaisseau contre vaisseau, et d'aborder. Jamais on n'avait vu aussi grande expédition maritime. Soldats et matelots étaient pleins de confiance. Et cependant, les esprits froids, ceux qui ne se laissaient pas entraîner par la double fougue de leur jeunesse et de leur ardeur martiale, n'ignoraient pas les immenses dangers qui rendaient le succès de l'expédition presque impossible.

Marmont dit qu'il n'entreprendra jamais de justifier une expédition faite avec des chances contraires si multipliées. Il fait remarquer que les vaisseaux étaient mal armés, les équipages incomplets et peu instruits, les bâtiments de guerre encombrés de troupes et de matériel d'artillerie qui gênaient la manœuvre ; que cette flotte immense, composée de tartanes et de bâtiments de toute espèce, aurait été nécessairement dispersée et même détruite par la seule rencontre d'une escadre ; qu'on ne pouvait compter sur une victoire navale, et qu'une victoire même n'eût pas sauvé le convoi :

« Pour que l'expédition réussît, ajoute Marmont, il fallait avoir une navigation paisible et ne faire aucune rencontre fâcheuse ; mais comment compter sur un pareil bonheur, avec la lenteur forcée de notre marche et la station que nous avions à faire devant Malte ? Toutes les probabilités étaient donc contre nous, il n'y avait pas une chance favorable sur cent ; ainsi, nous allions, de gaieté de cœur, à une perte presque certaine. Il faut en convenir, c'était jouer un jeu extravagant, et le succès même ne saurait le justifier. »

Et pourtant Bonaparte ne voulait pas admettre que la fortune pût lui résister. Il lui avait arraché tant de faveurs qu'il croyait l'avoir asservie. Il ne redoutait pas plus les tempêtes que les vaisseaux de Nelson. Les obstacles, à ses yeux, n'étaient que des chimères ; au retour comme au départ, il n'aura pas même la pensée de redouter les croisières anglaises. Que peut-il y avoir à craindre pour le navire qui porte Bonaparte et sa fortune ?

Bonaparte trouvait moyen de communiquer cette confiance à ses compagnons d'armes, il croyait en lui-même et il y faisait croire. Il était arrivé à une de ces périodes où les grands hommes, grisés par le succès, se regardent comme supérieurs à la nature humaine et se prennent pour des demi-dieux.

Voici l'heure du départ. La proclamation de Bonaparte retentit dans le cœur de ses compagnons d'armes :

« Soldats, vous avez fait la guerre de montagnes, de plaines, de sièges; il vous reste à faire la guerre maritime. Les légions romaines, que vous avez quelquefois imitées, mais pas encore égalées, combattaient Carthage, tour à tour, sur cette mer et aux plaines de Zama. La victoire ne les abandonna jamais, parce que, constamment, elles furent braves, patientes à supporter la fatigue, disciplinées et unies entre elles. Le génie de la liberté, qui a rendu, dès sa naissance, la République l'arbitre de l'Europe, veut qu'elle le soit des mers et des nations les plus lointaines. »

La flotte attend le signal. Les canons des vaisseaux répondent à ceux des forts. Une foule innombrable, couvrant les hauteurs qui dominent le port de Toulon, contemple avec une émotion patriotique cet imposant spectacle, éclairé par les feux d'un soleil magnifique. Joséphine est au balcon de l'Intendance, d'où elle essaye, avec une lorgnette, d'apercevoir encore son époux, déjà embarqué. Que deviendra la flotte française? Pourra-t-elle se ravitailler à Malte?

14

L'imprenable forteresse ouvrira-t-elle ses portes?
Arrivera-t-on jusqu'en Égypte? Le débarquement
sera-t-il possible? N'aura-t-on pas à lutter, non seulement contre les Mamelucks, mais encore contre les
hordes innombrables de la Turquie? Qu'importe!
Bonaparte se croit le maître de la fortune.

Joséphine est à la fois craintive et fière : craintive
en voyant son époux braver les flots et les destins,
également changeants; fière en entendant les acclamations qui saluent le départ du héros. A un signal
du vaisseau amiral, voici les voiles qui s'abaissent,
les navires qui s'ébranlent, poussés par une forte
brise de nord-ouest. Mais ce n'est pas sans difficulté
que la flotte sort de la rade. Plusieurs navires
labourent le fond, sans pourtant s'arrêter.

L'Orient, vaisseau de cent vingt canons, qui porte
Bonaparte, penche assez visiblement pour donner de
l'inquiétude aux spectateurs. Joséphine tressaille;
mais bientôt elle est rassurée, le navire se dégage,
et, pendant que les acclamations de la foule se mêlent
aux fanfares de la musique des troupes embarquées
et au bruit de l'artillerie des forts et de la flotte, il
reprend, majestueux, sa course en pleine mer.

XV

JOSÉPHINE PENDANT LA CAMPAGNE D'ÉGYPTE

XV

Après l'embarquement de son mari, Joséphine n'était pas revenue directement à Paris : elle avait été prendre les eaux à Plombières, où elle resta trois mois. Elle y courut un grand danger. Un balcon de bois, sur lequel elle se trouvait avec plusieurs dames de ses amies, s'étant écroulé, elle eut le corps couvert de meurtrissures et donna pendant quelques jours de sérieuses inquiétudes. C'est à Plombières qu'elle reçut les premières nouvelles de l'expédition d'Égypte, depuis la prise de Malte jusqu'à celle du Caire, et apprit, par les lettres de Bonaparte, qu'elle devait renoncer à se rendre dans cette terre lointaine. Elle sut plus tard que la frégate *la Pomone*, qui était revenue en France, et sur laquelle elle voulait s'embarquer pour aller en Égypte, avait été capturée par la croisière anglaise, à sa nouvelle sortie de Toulon.

Joséphine revint à Paris, à la fin de septembre 1798, et acheta le domaine de la Malmaison, situé à côté du village de Rueil, moyennant une somme de cent soixante mille francs, qui fut payée en partie avec sa dot, en partie avec les ressources de son mari. Elle passa dans cette propriété la fin de l'automne de 1798, ainsi que la belle saison de 1799. L'hiver, elle habita Paris, toujours dans son hôtel de la rue de la Victoire.

La situation de Joséphine, pendant cette période, ne fut pas sans difficultés. Mme de Rémusat raconte, dans ses *Mémoires*, une visite qu'elle et sa mère, Mme de Vergennes, lui firent alors à la Malmaison.

« Mme Bonaparte, dit-elle, naturellement expansive, et même souvent un peu indiscrète, n'eut pas plus tôt retrouvé ma mère, qu'elle lui livra un grand nombre de confidences sur son époux absent, sur ses beaux-frères, enfin sur tout un monde qui nous était absolument étranger. On croyait presque Bonaparte perdu pour la France; on négligeait sa femme. Ma mère eut pitié d'elle, nous lui donnâmes quelques soins; elle n'en a jamais perdu le souvenir. »

Ne sent-on pas percer, dans ce langage, quelque chose du dédain que le monde de l'ancien régime avait encore pour le régime nouveau?

La société légitimiste ne ménageait pas plus Bonaparte que les autres membres de la Révolution et tentait de ridiculiser cette famille de petits gentilshommes corses, qui, à la cour de Louis XIV, aurait fait si médiocre figure. Ella reprochait à Mme Bonaparte ses relations avec des femmes comme Mme Tallien et avec les gens du Directoire. Les habitués du petit Coblentz ne respectaient pas même la gloire militaire, et ceux qui devaient, quelques années plus tard, entrer dans la maison de l'Empereur, parlaient dédaigneusement du général républicain.

Écoutons la duchesse d'Abrantès raconter une conversation qui eut lieu au bal de l'hôtel Thélusson :

« Qui sont ces deux femmes-là? demanda Mme de Damas au vieux marquis d'Hautefort, qui lui donnait le bras.

— Comment! vous ne reconnaissez pas Mme la vicomtesse de Beauharnais? C'est elle et sa fille. Elle est aujourd'hui Mme Bonaparte. Eh! mais, tenez, voici une place à côté d'elle. Venez vous y asseoir; vous renouvellerez connaissance. »

Mme de Damas, pour toute réponse, donna une telle secousse au vieux marquis, qu'elle l'entraîna, malgré lui, dans un des petits salons qui précédaient la grande rotonde.

« Êtes-vous fou? lui dit-elle, lorsqu'ils furent dans l'autre pièce. Une belle place, vraiment, à côté de Mme Bonaparte! Ernestine aurait donc été forcée de faire connaissance avec sa fille! Mais la tête vous tourne, marquis!

— Ma foi non! Que diable trouvez-vous de mal à ce qu'Ernestine fasse connaissance, se lie même d'amitié, avec Mlle Hortense de Beauharnais? C'est une charmante personne, elle est douce, aimable.

— Qu'est-ce que tout cela me fait à moi? Je ne veux

pas me lier avec de pareilles femmes. Je n'aime pas les gens qui déshonorent leur malheur. »

Le marquis d'Hautefort leva les épaules et ne répondit pas.

Il y avait bon nombre de royalistes qui ne pardonnaient à Bonaparte ni le 13 vendémiaire, ni sa participation indirecte au 18 fructidor; qui reprochaient à Joséphine d'être l'amie de régicides, qui trouvaient que ses relations, à elle, femme d'un noble guillotiné, ne convenaient ni à sa naissance ni à ses antécédents, et qu'il y avait, dans son nouveau rôle, une sorte d'apostasie.

D'autres légitimistes, pressentant sa prochaine fortune, la courtisaient déjà. Dans le salon de Mme de Permon, elle rencontrait tout ce qui restait du faubourg Saint-Germain et la brillante pléiade des jeunes gens à la mode : MM. de Noailles, de Montcalm, de Périgord, de Montron, de Rastignac, de l'Aigle, de Montaigu, de la Feuillade, de Sainte-Aulaire.

Les réceptions de la citoyenne Bonaparte conservaient, malgré tout, leur renommée. On remarquait parmi les femmes de son intimité la comtesse Fanny de Beauharnais, Mme de Caffarelli, la comtesse d'Houdetot, Mme Andréossy et les deux beautés qui se disputaient le sceptre de la mode : Mme Tallien et Mme Regnault de Saint-Jean d'Angély.

Sans être instruite, Joséphine avait une vague notion de la littérature et s'entourait avec plaisir des écrivains et des artistes en vogue. Ce fut chez elle, pendant l'expédition d'Égypte, que Legouvé lut son *Mérite des Femmes*, et que Bailly déclama son drame de *l'Abbé de l'Épée*. On retrouvait, dans son salon, Bernardin de Saint-Pierre, Ducis, Lemercier, Joseph Chénier, Méhul, Talma, Volney, Andrieux, Picard, Colin d'Harleville, Baour-Lormian, Alexandre Duval.

Avec les Bonaparte, Joséphine faisait de la diplomatie. Elle louvoyait, elle dissimulait son mécontentement, et avait l'art de ne se brouiller ostensiblement avec aucun des membres de cette famille, un peu vindicative, qui jalousait quiconque pouvait avoir de l'influence sur Napoléon. Avant de partir pour l'Égypte, il avait voulu voir sa mère, ses frères et ses sœurs établis convenablement à Paris. Bien qu'il fût plus jeune que Joseph, il se considérait déjà comme le chef de la famille et entendait la soumettre à son irrésistible puissance. En son absence, Mme Lætitia exerçait sur les siens une grande autorité. Femme énergique, douée d'un caractère impérieux et d'une volonté de fer, ferme jusqu'à l'entêtement, économe jusqu'à l'avarice pour elle-même, mais généreuse pour les pauvres et prodigue pour ce qui touchait la gloire de son fils Napoléon, elle était bonne au fond, mais avec un extérieur froid, et sans rien de ce qu'on est convenu d'appeler l'esprit du monde. Mme Lætitia, Romaine des temps antiques bien plus que femme moderne, ne pardonnait à Joséphine ni ses allures frivoles, **ni** son goût pour la dépense, ni sa passion exagérée pour la toilette. Elle aurait souhaité à Napoléon une femme plus grave, plus économe, plus sérieuse, et regrettait un mariage qui, à ses yeux, ne faisait pas le bonheur de son fils.

Joseph, l'aîné des enfants de Mme Lætitia, était un honnête homme, doux, sympathique, bien élevé, ayant l'esprit droit, les manières courtoises, la figure agréable. Il possédait, par suite de son mariage avec Mlle Marie-Julie Clary, une fortune considérable pour l'époque. Après avoir été ambassadeur de la République française à Rome, il était revenu à Paris, ramenant avec lui la sœur de sa femme, Mlle Désirée Clary. Cette jeune fille, que Napoléon avait voulu épouser, était dans un deuil profond, depuis la mort tragique de son fiancé, le général Duphot, massacré à Rome presque sous ses yeux. Après quelques mois de tristesse, elle se consola, et, le 16 août 1798, elle épousa le futur roi de Suède, Bernadotte.

Lucien, né en 1775, était le plus jeune des députés du conseil des Cinq-Cents. Il avait une rare intelligence, une instruction solide, une véritable passion pour la littérature. Il écrivait, faisait des vers, aspirait à toutes les renommées. Orateur plein de faconde, familiarisé avec l'antiquité, tour à tour homme d'action et d'imagination, il servit très habilement les intérêts et la gloire de son frère. Actif, ardent, plein d'entrain, il exerçait, malgré son jeune âge, une influence réelle sur ses collègues du conseil des Cinq-Cents. On le croyait républicain ; il l'était, en

effet, et, même au 18 brumaire, il s'imagina qu'il restait fidèle à la cause de la Révolution.

En 1794, il avait rempli un modeste emploi de
garde-magasin dans une petite ville de Provence,
Saint-Maximin, qu'on affublait, depuis 1793, du nom
de *Marathon*. Quant à lui, il prenait modestement le
surnom de Brutus. Le *citoyen* Brutus Bonaparte, —
on désignait ainsi le futur prince de Canino, — épousa
une jolie et honnête fille, Christine Boyer, dont le
père tenait une auberge à Saint-Maximin. Napoléon
s'irrita violemment contre une pareille mésalliance.
Mais Mme Lucien Bonaparte, qui était belle et douce,
s'acclimata facilement aux manières de la bonne compagnie et sut bientôt tenir sa place dans les meilleurs
salons.

Louis Bonaparte, né en 1779, avait accompagné
Napoléon à l'armée d'Égypte ; pendant le cours de
l'expédition, il vint à Paris pour y apporter des nouvelles. S'il était destiné, dans l'avenir, à se montrer
plus hostile encore à Joséphine que Joseph et Lucien,
il entretenait, avant le 18 brumaire, des relations
amicales avec sa belle-sœur, qui pensait peut-être
déjà à en faire son gendre.

Quant au dernier des frères de Napoléon, Jérôme,
né en 1784, c'était un espiègle, aimable, intelligent,
spirituel, mais étourdi, turbulent, avide de plaisir et
ennuyé d'entendre toujours citer, comme modèle, le
jeune Eugène de Beauharnais.

Mme Lætitia demeurait rue du Rocher, avec son

fils Joseph et sa belle-fille, femme agréable et respectable. Des trois sœurs de Napoléon, la première, Élisa, née en 1777 et mariée en 1797, à Félix Bacciochi, logeait grande rue Verte, comme Lucien. La seconde, Pauline, née en 1780, et mariée, pendant la campagne d'Italie, au général Leclerc, demeurait rue de la Ville-l'Évêque. La troisième, Caroline, née en 1782, terminait son éducation chez Mme Campan, où elle était la compagne d'Hortense de Beauharnais.

Mlles Bonaparte avaient hérité de la beauté de leur mère, surtout Pauline, qui passait pour la plus jolie femme de Paris et qui était la reine de tous les bals. Ambitieuse comme une princesse de la famille des Césars, elle triomphait dans les salons, autant que son frère sur les champs de bataille.

Mme Leclerc aimait modérément Joséphine, qui, bien que moins jolie qu'elle, avait cependant une situation plus brillante. Quant à Caroline Bonaparte, elle annonçait déjà, avec une grande beauté, un esprit plus ambitieux encore que celui de Pauline.

Ce n'était pas chose facile, pour Joséphine, de rester en termes corrects avec cette nombreuse et puissante famille. Déjà commençait à percer l'antagonisme des Bonaparte et des Beauharnais, et les intrigues, les rivalités d'influence qu'on rencontre dans les cours se produisaient en pleine République, avant même que Napoléon fût aux Tuileries. L'hôtel de la rue de la Victoire était un palais en miniature avec les germes naissants des convoitises, des luttes qui devaient se développer sous le Consulat et sous l'Empire.

Outre ses ennuis de famille, Joséphine avait des embarras d'argent. Ses dépenses de toilette étaient exorbitantes, et l'on remarquait, chez elle, ce mélange de luxe et de gêne qui caractérise les femmes habituées à ne pas compter. Elle avait des bijoux superbes, et souvent manquait d'argent pour payer les dettes les plus minimes. Mme de Rémusat raconte qu'à cette époque, Mme Bonaparte lui montra, à la Malmaison, « la prodigieuse quantité de perles, de diamants et de camées qui composaient, dès lors, son écrin, digne déjà de figurer dans les contes des *Mille et une Nuits*, et qui, pourtant, devait tant s'augmenter depuis. L'Italie, envahie et reconnaissante, avait concouru à toutes ces richesses, et particulièrement le pape, touché des égards que lui témoigna le vainqueur en se refusant au plaisir de planter ses drapeaux sur les murs de Rome. » Mme de Rémusat ajoute que la femme qui possédait tant de trésors, et dont le domaine était rempli de tableaux, de statues, de mosaïque, se trouvait parfois dans la gêne.

Mais Joséphine ne prenait rien au tragique, et les difficultés pécuniaires, contre lesquelles elle luttait, ne l'affligeaient pas outre mesure. D'ailleurs elle ne doutait plus de la prochaine fortune de son mari et, elle-même, sut contribuer à cette fortune. Aimable, affectueuse, insinuante, ayant les manières douces, le caractère égal, le son de voix pénétrant, le regard plein de bienveillance, Joséphine était une charmeuse. Ne froissant personne, n'entrant jamais en discussion ni sur la politique, ni sur aucun sujet, dévouée à ses amis et pardonnant à ses ennemis, essentiellement obligeante et serviable, cherchant à se concilier la sympathie de quiconque l'approchait, elle plaisait dans tous les rangs de la société. Des royalistes excusaient les origines républicaines du héros du 13 vendémiaire en disant :

« Sa femme est si bonne ! »

Des gens qui auraient hésité à se faire présenter à Bonaparte rendaient hommage à Joséphine. On verra, sous le Consulat, des personnages d'ancien régime faire des visites à Mme Bonaparte, au rez-de-chaussée du palais des Tuileries, sans jamais monter jusqu'à l'étage où demeurait le Premier Consul.

Joséphine avait soin, tout en recherchant la société légitimiste, de se faire bien voir de la société républicaine. Elle figurait à toutes les fêtes du Directoire et se ménageait les bonnes grâces du monde officiel.

Ses relations avec Barras continuaient à être excellentes. Elle cultivait tout particulièrement l'amitié d'une républicaine, dont la vertu austère était incontestable, Mme Gohier, femme d'un des membres du Directoire. Elle se disait que son intimité avec une personne d'une réputation si excellente la protégeait contre ses détracteurs. En outre, le ménage Gohier lui conciliait ceux des républicains qui, ayant une crainte instinctive de l'ambition de son mari, avaient besoin d'être rassurés.

A en croire Joséphine, Bonaparte était le meilleur des patriotes, et ceux qui s'avisaient de douter de son civisme n'étaient que des méchants et des envieux. Cette femme si frivole, si futile, manœuvrait pourtant comme un diplomate consommé. Sans Joséphine, Napoléon ne serait peut-être jamais devenu empereur. Il avait eu beau lui défendre de parler politique, lui ordonner de ne se mêler de rien, elle n'en était pas moins l'auxiliaire le plus efficace de ses projets, et, en son absence, elle préparait adroitement le terrain où il allait se montrer en maître.

XVI

BONAPARTE EN ÉGYPTE

XVI

BONAPARTE EN ÉGYPTE

Tacite a exprimé une pensée profonde, quand il a
dit : *Major è longinquo reverentia*, ce qu'on pourrait
traduire ainsi : l'éloignement augmente le prestige.
Bonaparte, en Égypte, était pour les Parisiens un
personnage épique. Le piédestal de sa gloire, c'étaient
les Pyramides. Les quarante siècles de leur histoire
devenaient comme le prologue de sa légende. Égypte,
Palestine, Syrie : quels noms plus merveilleux et plus
célèbres ! Que de souvenirs ils évoquent : les Pharaons,
la Terre Sainte, le Christ, les Croisades, la Bible,
l'Évangile, la Jérusalem délivrée ! Bonaparte, qui se
drapait dans son illustration, comme Talma dans une
toge romaine, Bonaparte qui a dit : « L'imagination
gouverne le monde, » Bonaparte qui, en jouant les
grands drames de son existence, pensait sans cesse
aux habitants de Paris, comme Alexandre aux habitants d'Athènes, Bonaparte avait deviné l'effet qu'une
telle expédition devait produire sur la chevalerie

démocratique, issue de la Révolution, et se sentait la même ardeur, le même courage, la même soif d'aventures que la vieille noblesse française.

Chauffé par le soleil, surexcité par l'appât de la victoire, le cerveau du jeune général forme des plans gigantesques. Nulle part il ne s'est trouvé aussi à l'aise que dans cette antique terre d'Égypte qui ouvrait, devant lui, d'immenses et radieux horizons. Plus tard il racontera lui-même, à Mme de Rémusat, les impressions qu'il ressentit pendant cette période étrange de sa carrière.

« En Égypte, dira-t-il, je me trouvais débarrassé du frein d'une civilisation gênante, je rêvais toutes choses, et je voyais les moyens d'exécuter tout ce que j'aurais rêvé. Je créais une religion; je me voyais sur le chemin de l'Asie, parti sur un éléphant, le turban sur ma tête, et, dans ma main, un nouvel Alcoran, que j'aurais composé à mon gré. J'aurais réuni, dans mes entreprises, les expériences des deux mondes, fouillant à mon profit le domaine de toutes les histoires, attaquant la puissance anglaise dans les Indes, et renouant, par cette conquête, mes relations avec la vieille Europe. »

Quelle succession de tableaux éblouissants! Que d'aspects variés, que de spectacles pittoresques : le Nil, les Pyramides, les Mamelucks; leur cavalerie terrible qui se brise contre les bataillons carrés; l'entrée triomphale au Caire, les Arabes qui chantent la litanie dans la grande mosquée :

« Chantons la miséricorde du grand Allah ! Quel est celui qui a sauvé des dangers de la mer et de la fureur de ses ennemis le favori de la Victoire ? Quel est celui qui a conduit sains et saufs sur les rives du Nil les braves de l'Occident ? C'est le grand Allah qui n'est plus irrité contre nous ! »

La situation de Bonaparte en Égypte est pleine de grandeurs, mais aussi pleine de misères. Si, à certaines heures, son orgueil s'exalte à ce point qu'il se croit non seulement un conquérant, mais presque un prophète, un fondateur de religion, un demi-dieu, à d'autres moments il est ramené à la réalité par les cruelles exigences du sort.

Le sentiment de mélancolie, éprouvé déjà par le jeune vainqueur pendant la campagne d'Italie, lui revient en Égypte, plus accentué encore, et lui inspire cette lettre adressée du Caire à son frère Joseph, le 25 juillet 1798 :

« Tu verras dans les papiers publics le résultat des batailles et la conquête de l'Égypte, qui a été assez disputée pour ajouter une feuille à la gloire militaire de cette armée... J'ai beaucoup de chagrins domestiques... Ton amitié m'est bien chère ; il ne me reste plus, pour devenir misanthrope, qu'à te perdre et te voir me trahir... Fais en sorte que j'aie une campagne à mon arrivée, soit près de Paris, soit en Bourgogne ; je compte y passer l'hiver et m'y enfermer. Je suis ennuyé de la nature humaine ; les grandeurs m'ennuient, le sentiment est desséché. La gloire est fade. A vingt-neuf ans, j'ai tout épuisé; il ne me reste plus qu'à devenir bien vraiment égoïste. Je compte garder ma maison; jamais je ne la donnerai à qui que ce soit. Je n'ai plus de quoi vivre. Adieu, mon unique ami; je n'ai jamais été injuste envers toi. »

En Égypte, comme en Italie, au milieu de tant d'aventures et de périls, l'imagination de Bonaparte se tourne souvent du côté de Paris. Joséphine est l'objet de ses entretiens avec Bourrienne, avec Junot et surtout avec Eugène de Beauharnais. Le fils de Joséphine dit, dans ses *Mémoires*, à propos de cette époque où il n'était âgé que de dix-sept ans :

« Le général en chef commença à avoir de grands sujets de chagrins, soit à cause du mécontentement qui régnait dans une partie de l'armée, surtout parmi quelques généraux; soit à cause de nouvelles qu'il recevait de France, où l'on s'efforçait de troubler son bonheur domestique. Quoique je fusse jeune, je lui inspirais assez de confiance pour qu'il me fît part de son chagrin. C'était ordinairement le soir qu'il me faisait ses plaintes et ses confidences, en se promenant à grands pas dans sa tente. J'étais le seul avec lequel il pût librement s'épancher. Je cherchais à adoucir ses ressentiments; je le consolais de mon mieux, et autant que pouvaient le permettre mon âge et le respect qu'il m'inspirait. »

Le futur prince Eugène déployait là un tact et une sagesse précoce dont Bonaparte lui sut beaucoup de gré.

Des huit aides de camp amenés en Égypte, quatre y périrent : Julien, Sulkowski, Croisier et Guibert ; deux furent blessés : Duroc et Eugène de Beauharnais ; seuls, Merlin et Lavalette en sortirent sains et saufs. Dès qu'il s'agissait d'une mission périlleuse pour aller, dans le désert, reconnaître des partis d'Arabes ou de Mamelucks, Eugène était toujours le premier à s'offrir.

Un jour qu'il s'avançait avec empressement, comme de coutume, Bonaparte le renvoya en lui disant :

« Jeune homme, apprenez que, dans notre métier, il ne faut jamais courir au-devant du danger ; il faut se borner à faire son devoir, le bien faire, et arrive ce qu'il plaît à Dieu ! »

Une autre fois, le général en chef, pendant le siège de Saint-Jean-d'Acre, envoya un officier d'ordonnance porter un ordre au poste le plus dangereux. L'officier fut tué. Bonaparte en envoya un second, qui fut également tué. Un troisième partit, qui eut le même sort. Il fallait cependant que l'ordre parvînt, et Bonaparte n'avait plus auprès de lui que deux aides de camp, Eugène de Beauharnais et Lavalette. D'un signe il fit avancer ce dernier, et, tout bas, sans être entendu d'Eugène, il lui dit :

« Lavalette, allez porter cet ordre. Je ne veux pas envoyer cet enfant et le faire tuer si jeune ; sa mère me l'a confié. Vous savez ce que c'est que la vie... Allez ! »

Un autre jour, également devant Saint-Jean-d'Acre,

un éclat de bombe vint frapper à la tête Eugène de Beauharnais. Le jeune homme tomba et resta quelque temps enseveli sous les décombres d'un mur que la bombe avait renversé. Bonaparte le crut mort et laissa échapper un cri de douleur. Eugène n'était que blessé et, au bout de dix-neuf jours, il revint prendre part aux autres assauts, qui d'ailleurs échouèrent, comme les premiers, malgré l'opiniâtreté de Bonaparte.

« Cette misérable bicoque, disait-il à Bourrienne, m'a coûté bien du temps et du monde ; mais les choses sont trop avancées, je dois tenter un dernier assaut. S'il réussit, les trésors, les armes de Djezzar, dont la Syrie maudit la férocité, me fourniront de quoi armer trois cent mille hommes. Damas m'appelle ; les Druses m'attendent ; j'en grossirai mon armée ; j'annoncerai l'abolition de la tyrannie des pachas et j'arrive à Constantinople à la tête de ces masses. J'y renverse l'Empire turc ; j'y fonde un nouvel et grand empire ; j'y marque ma place dans la postérité, et peut-être alors retournerai-je à Paris par Vienne, en anéantissant la maison d'Autriche. »

Tout cela n'était qu'un rêve. En vain, sur une redoute, les bras croisés, le regard fixe, en butte à tous les feux de la place, il ordonne un suprême effort. Son armée, dépourvue d'artillerie, est obligée de lever le siège et de regagner l'Égypte. Adieu la conquête de l'Asie Mineure, l'entrée à Constantinople, l'Europe prise à revers, le retour triomphal en France par les rives du Danube et l'Allemagne ! Bonaparte ne sera pas empereur d'Orient, et, en parlant avec dépit du commodore anglais qui a défendu Saint-Jean-d'Acre, il s'écriera :

« Ce Sidney-Smith m'a fait manquer ma fortune. »

Mais avec quelle adresse il parvient à dissimuler son échec et à représenter l'expédition de Syrie sous de brillantes couleurs ! Quelle habileté dans sa proclamation du 17 mai 1799 :

« Soldats, vous avez traversé le désert qui sépare l'Afrique de l'Asie avec plus de rapidité qu'une armée arabe. L'armée qui était en marche pour envahir l'Égypte est détruite ; vous avez pris son général, son équipage de campagne, ses outres, ses chameaux. Vous vous êtes emparés de toutes les places fortes qui défendent les puits du désert. Vous avez dispersé aux champs du Mont-Thabor cette nuée d'hommes accourus de toutes les parties de l'Asie, dans l'espoir de piller l'Égypte... Encore quelques jours, et vous aviez l'espoir de prendre le pacha même au milieu de son palais ; mais, dans cette saison, la prise du château d'Acre ne vaut pas la perte de quelques jours ; les braves que je devrais d'ailleurs y perdre sont aujourd'hui nécessaires pour des opérations plus essentielles. »

Malgré de grandes privations et une chaleur de 33 degrés Réaumur, l'armée ne met que vingt-cinq jours, dont dix-sept de marche, à franchir les cent dix-neuf lieues qui séparent Saint-Jean d'Acre du

Caire. Bonaparte rentre dans cette ville comme un triomphateur antique. Le cortège ne ressemble-t-il pas à celui d'un Pharaon vainqueur? Quelle pompe orientale! Quelles fanfares! Quelles acclamations! Les vaincus captifs ouvrent la marche. Des soldats portent les drapeaux pris aux Turcs. La garnison française du Caire et les notables de la ville vont au-devant de cet homme que les Arabes appellent sultan Kébir, sultan du Feu. Le scheik El Békri, descendant vénéré du Prophète, lui offre un cheval magnifique, à la selle brodée d'or et de perles, avec le jeune esclave qui le tient par la bride. Cet esclave, c'est Roustan, le mameluck du futur empereur. D'autres présents sont aussi offerts : esclaves blanches, esclaves noires, armes superbes, riches tapis, dromadaires célèbres par leur vitesse, cassolettes remplies d'encens et d'aromates. Précédé des muftis et des ulémas de la mosquée de Gama-El-Azhar, le vainqueur du Mont-Thabor, majestueux comme un Sésostris, entre au Caire par la porte des Victoires, Bab-El-Nasr.

Quelques jours après, l'armée turque, réunie à Rhodes, apparaît, escortée par la division navale de Sidney-Smith, en vue d'Alexandrie et vient mouiller à Aboukir. Les Turcs débarquent, au nombre de dix-huit mille. Bonaparte marche à leur rencontre, et, le 24 juillet, il détruit leur armée tout entière. Le soir de la bataille, Kléber lui dit en l'embrassant :

« Général, vous êtes grand comme le monde! »

Mais l'heure approche où le vainqueur d'Aboukir va retourner en Occident. Le destin lui arrache la gloire orientale. Sa fortune va changer de théâtre. Il ne sera ni Alexandre, ni Mahomet; il sera Charlemagne.

Depuis six mois, sans nouvelles de France, il envoie à la flotte ennemie un parlementaire qui, sous prétexte de négocier un échange de prisonniers, essaiera d'obtenir quelques informations. Sidney-Smith éprouve un malin plaisir à faire connaître à Bonaparte tant de désastres : la coalition victorieuse, les frontières naturelles de la France abandonnées, le Rhin repassé, l'Italie perdue, les résultats de tant d'efforts et de tant de victoires anéantis.

« Sachant le général Bonaparte privé de nouvelles, dit le commodore anglais, je crois lui être agréable en lui envoyant une liasse toute fraîche de papiers publics. »

Bonaparte les reçoit dans la nuit du 3 au 4 août, et les lit jusqu'au lendemain avec un mélange de curiosité et de colère. Dès lors sa résolution est prise. Il va retourner en France, malgré la surveillance des croisières anglaises. Le besoin d'eau et un accident survenu à l'un des navires ennemis vont suspendre le blocus et favoriser son départ. En attendant, il garde son secret, remonte le Nil jusqu'au Caire, y reste six jours, fait semblant d'être appelé par une inspection dans la province de Damiette, et revient mystérieusement dans les parages d'Alexandrie. Il a fait préparer par le contre-amiral Gantheaume deux frégates, *la Muiron* et *la Carrière*, et deux avisos, *la Revanche* et *la Fortune*. C'est entre l'anse de Canope et le Pharillon qu'il doit s'embarquer avec un petit nombre de compagnons : Murat, Berthier, Eugène de Beauharnais, Bourrienne et quelques autres, dans la nuit du 22 au 23 août. Sidney-Smith n'a même pas soupçonné un projet si téméraire et si invraisemblable.

Le prince Eugène racontera dans ses *Mémoires* ce départ, qui ressemble à un épisode de roman :

« En approchant d'Alexandrie, dira-t-il, je fus envoyé en reconnaissance au bord de la mer, pour savoir si l'on n'apercevait pas de préparatifs de débarquement. A mon retour, le général m'interrogea avec une sorte d'anxiété ; mais l'expression de la satisfaction se peignit bientôt sur son visage, lorsque je lui eus fait connaître que j'avais, à la vérité, aperçu deux frégates, mais qu'elles me paraissaient porter le pavillon français. Il avait lieu, en effet, d'être content, puisqu'il voyait réussir ses projets, car ces frégates devaient nous transporter en France. Il me l'apprit tout de suite, en me disant :

« Eugène, tu vas revoir ta mère. »

« Ces mots ne me causèrent pas toute la joie que j'aurais dû éprouver. Nous nous embarquâmes la nuit même, et je remarquai que mes compagnons de voyage éprouvaient à peu près les mêmes sentiments de gêne et de tristesse. Le mystère qui enveloppait notre départ, le regret de quitter nos braves camarades, la crainte d'être pris par les Anglais et le peu d'espoir que nous concevions de revoir la France, peuvent expliquer ce mouvement de l'âme. »

Seul, Bonaparte ne doute pas d'une heureuse traversée. Un calme plat retenant immobile la frégate sur laquelle il vient de s'embarquer, Gantheaume, découragé, lui propose de redescendre à terre.

« Non, répond-il à l'amiral, soyez tranquille, nous passerons. »

Le lendemain 23 août, au lever du soleil, le calme plat dure encore; mais, à 9 heures du matin, la brise souffle, et Bonaparte, après avoir dit à l'Égypte un éternel adieu, vogue en pleine mer, certain que sa fortune ne le trahira pas.

Si la campagne d'Égypte fut inutile à la France, elle ne le fut pas à Napoléon. Elle donna quelque chose d'étrange, de mystérieux à la gloire du vainqueur des Pyramides et le plaça sur la même ligne que les hommes qui frappèrent le plus l'imagination des peuples : les Alexandre, les César, les Mahomet. Napoléon eut d'ailleurs le talent de ne mettre en lumière que les succès, et de laisser dans l'ombre les revers.

Revenu de Syrie, après un grave échec, il se fit recevoir par les autorités du Caire avec autant d'éclat que s'il se fût emparé de Saint-Jean-d'Acre. Il effaça le souvenir du désastre naval d'Aboukir, en remportant sur le continent une victoire qu'on désigna par le même nom. L'Égypte est loin. Les Français restés dans leur patrie ne devaient être impressionnés que par les côtés brillants de l'expédition. Les côtés sombres disparaissaient dans un succès que l'on croyait définitif, et qui, cependant, devait être bien éphémère.

En quittant son armée, Bonaparte joua le tout pour le tout. Pris par les croisières anglaises, il aurait été l'objet de toutes les critiques, de toutes les accusations, et peut-être, pour nous servir de l'expression d'un grand poëte. ses adversaires auraient-ils écrasé dans l'œuf son aigle impérial. Si les grands hommes, au lieu d'être infatués d'eux-mêmes, analysent consciencieusement leur propre gloire, ils reconnaissent que la Providence, sous le nom du hasard, y tient souvent une plus grande place que leur bien joué; ils gagnent des parties qu'ils auraient dû perdre; ils en perdent qu'ils auraient dû gagner, et les applaudissements se donnent au succès plus qu'au mérite.

De toutes les conceptions de Napoléon, la campagne de France est peut-être la plus belle, et cependant elle a échoué; son expédition d'Égypte, au dire de ses plus grands admirateurs eux-mêmes, était mal calculée, et cependant elle lui a servi de marchepied pour le trône. Que d'imprudence, que de témérité, que de risques dans toute cette campagne! C'est par miracle que les bâtiments portant le corps expéditionnaire ont pu arriver jusqu'en Égypte sans être dispersés par la flotte anglaise, contre laquelle ils auraient été incapables de lutter. C'est par miracle que Bonaparte va revenir d'Égypte en France, sans être arrêté par les croisières ennemies. Combien de fois, dans cette longue traversée, si hardie et si périlleuse, sera-t-il sur le point d'être surpris! Et, s'il l'était, comment résister aux vaisseaux formidables de la flotte anglaise, avec deux frégates, telles que la *Muiron* et la *Carrière*, et deux avisos, tels que la *Revanche* et la *Fortune*? Ces quatre vieilles embarcations sont de lourdes et mauvaises voilières vénitiennes, qui ne pourraient soutenir quelques heures de chasse. Quelle figure feraient-elles contre les premiers vaisseaux du monde? Bonaparte n'a donc qu'une seule chance de succès : n'être pas rencontré par les croisières anglaises. Et l'on sait combien elles sont actives dans les parages de l'Égypte et dans toute la Méditerranée.

Un premier coup de vent porte les quatre embarcations sur la gauche d'Alexandrie, en vue de la grande Cyrénaïque, à cent lieues de l'amiral anglais Sidney-Smith. Puis elles tournent au nord-ouest et sont retenues, vingt-quatre jours de suite, sur cette côte aride et déserte, où nul ne soupçonne leur présence. Bonaparte prescrit à l'amiral Gantheaume de serrer de près la côte d'Afrique, parce que, s'il est surpris par la croisière anglaise, il aura le temps de débarquer, et alors, dit-il, avec une poignée d'hommes et la petite somme de dix-sept mille francs, seul trésor qu'il rapporte d'Égypte, il gagnera soit Tunis, soit Oran, et s'y rembarquera.

Le 15 septembre, le vent, qui se retourne, souffle

fortement du sud-ouest. On en profite. Le 19 septembre, on s'engage entre le cap Bon et la Sicile, passage dangereux, parce que, toujours, les navires britanniques y abondent. Par bonheur, on arrive à la chute du jour. Plus tôt, on aurait été aperçu par l'ennemi ; plus tard, il aurait fait trop sombre pour qu'on pût s'aventurer dans le détroit. Les quatre embarcations, favorisées par les circonstances, poursuivent leur traversée, et, après avoir distingué dans les ténèbres les feux de la croisière anglaise, elles se trouvent hors de vue, le lendemain, au lever du soleil. Un coup de vent les porte d'un seul souffle jusqu'en face d'Ajaccio.

La Corse est-elle encore française ? Bonaparte ne le sait pas. S'il y aborde, peut-être sera-t-il pris. Il hésite. Un des avisos prend langue d'une barque de pêcheurs et apprend que la Corse appartient encore à la France. Mais les pêcheurs ne peuvent pas dire si la Provence est libre ou si elle est envahie par les Autrichiens. Bonaparte se décide donc à débarquer en Corse, où il saura ce qu'il en est. Un navire sort en ce moment du port d'Ajaccio. A la nouvelle que Bonaparte est presque en rade, il le salue en faisant feu de toutes ses pièces et retourne rapidement dans le port, pour prévenir les habitants de la ville. Aussitôt tous les canons tonnent. Soldats, ouvriers, bourgeois, paysans, accourent sur le rivage ; la mer se couvre de barques qui vont à la rencontre de l'illustre Corse.

Débarquement à Fréjus.

Sur l'une de ces barques se trouve une vieille femme vêtue de noir qui tend les bras vers le grand homme, en s'écriant toute joyeuse :

« *Caro figlio !* »

C'est sa nourrice. Sans se soucier des lois de la quarantaine, dont on le dispense d'ailleurs, il débarque, se rend dans sa maison natale, dans la maison des Bonaparte, et, comme s'il était déjà souverain, on le voit rendre la justice et délivrer des prisonniers.

Les jours suivants, le vent est contraire. Pendant plus d'une semaine, Bonaparte se voit forcé de rester dans l'île, où il craint que sa présence ne soit connue des Anglais. Enfin, le 7 octobre, le vent redevenant favorable, il se décide à gagner la côte de Provence, malgré tous les obstacles, et, faisant remorquer la *Muiron* par une chaloupe armée de vigoureux rameurs, il lève l'ancre.

Si Bonaparte aime les émotions violentes, il doit être satisfait. Plus il approche du port, plus le péril augmente. Qui sait? Dans quelques heures, dans quelques minutes, il sera peut-être entre les mains des Anglais. Lui, ce puissant génie, il dépend du souffle du vent. Qu'il aborde sur la terre de France, et rien n'arrêtera sa fortune. Mais s'il n'y aborde pas, si, après avoir abandonné son armée en Égypte, il est fait prisonnier par les Anglais, que ses adversaires ne diront-ils pas de sa folle équipée? Alternative poignante : d'un côté le ridicule, de l'autre la toute-puissance; la réputation d'un aventurier ou la gloire d'un héros. Ce grand joueur qui engage sans cesse des parties contre le destin, et qui, jusqu'à présent, les a gagnées toujours, se plaît dans ces crises aiguës. Pendant toute la journée du 7 octobre, la navigation a été bonne. Bonaparte et ses compagnons aperçoivent déjà les montagnes de Provence et se réjouissent à la pensée de toucher dans quelques heures le sol de la patrie, quand, tout à coup, du haut d'un mât, un adjudant de l'amiral Gantheaume s'écrie que, par le reflet des rayons du soleil couchant, il aperçoit, à six lieues en mer, plusieurs voiles.

Évidemment ce sont des navires ennemis. On se croit perdu. Gantheaume déclare que Bonaparte n'a d'autre parti à prendre que de se jeter dans la chaloupe que remorque la *Muiron* et de rentrer à Ajaccio. Mais lui, calme, impassible, répond à l'amiral :

« Croyez-vous que je consentirai à m'échapper comme un malheureux, quand le sort n'a cessé de m'être favorable ? Ma destinée n'est pas d'être pris et de mourir ici... Le conseil que vous me donnez ne pourrait être suivi qu'en dernier recours, après l'échange au moins de quelques boulets, et quand toute autre voie de salut serait impossible. »

Sûr d'aborder en France, il ne fait pas à sa fortune l'injure de douter d'elle. D'un coup d'œil, il rend la confiance à tout l'équipage. Il fait remarquer que c'est le soleil couchant qui éclaire les vaisseaux ennemis à l'horizon et que ce même soleil doit laisser dans l'ombre la *Muiron* et la *Carrière*.

« Nous voyons, dit-il, et nous ne sommes pas vus. Courage donc ! »

Ne dirait-on pas que les vents lui obéissent, soufflent comme il veut, et que le soleil, non moins docile, éclaire la flotte anglaise en cachant le navire qui porte le futur César ? Arrière les défaillances et les conseils pusillanimes !

« Faites force de voiles, crie Bonaparte. Tout le monde à son poste ! Au nord-ouest ! Au nord-ouest ! »

Tout l'équipage est rassuré. On gouverne sur le mouillage le plus prochain, et le lendemain, 9 octobre, à 8 heures du matin, on entre dans la baie de Saint-Raphaël, à huit cents mètres du village de ce nom, distant d'une demi-lieue de Fréjus. La traversée a duré quarante-quatre jours.

Bonaparte va-t-il faire la quarantaine prescrite ? Il a l'air de vouloir s'y soumettre, mais c'est une feinte. L'établissement de la Santé est situé à environ un kilomètre de Fréjus. Un officier de la frégate *la Muiron* se dirige en canot vers le rivage, pour annoncer l'arrivée de Bonaparte et son intention d'entrer en quarantaine. A peine cet officier est-il aperçu, qu'un mouvement se produit sur le littoral, bientôt couvert de monde. Ce sont les habitants de Fréjus qui accourent, montent sur des barques aux cris de : « Vive Bonaparte ! » et se jettent, par les sabords, dans la frégate où est le général.

« Point de quarantaine pour vous, disent-ils ! La

peste plutôt que les Autrichiens! Point de quarantaine pour notre sauveur, pour le héros qui vient défendre la Provence! »

Bonaparte descend à terre. On lui amène un cheval blanc, il monte sur ce cheval et, acclamé par une foule ivre de joie, il entre dans Fréjus, où il reste quatre heures seulement. Puis il poursuit sa route, qui n'est plus qu'un long triomphe.

A Aix, à Avignon, à Valence, il est reçu avec d'indescriptibles transports d'enthousiasme. Arrivé à Lyon, il y passe la journée. Une multitude innombrable se presse sous ses fenêtres, le suppliant de se montrer. Le soir, il va au spectacle et se cache dans le fond de la loge, ordonnant à Duroc de se mettre sur le devant.

« Bonaparte! Bonaparte! crient les spectateurs en délire. Bonaparte! Bonaparte! »

Et les instances deviennent si vives, qu'il est obligé de se montrer. Dès qu'on le voit, c'est un tonnerre d'applaudissements. A minuit, il poursuit son voyage, dans une voiture de poste, ne s'arrêtant ni jour ni nuit.

Paris a été averti par le télégraphe du débarquement de l'homme prédestiné. En quinze jours, on a appris la victoire de Masséna en Suisse, celle de Brune en Hollande, celle de Bonaparte à Aboukir, et le débarquement du vainqueur en France. L'allégresse est à son comble. Les cloches sonnent à toute volée dans les villes et dans les villages où passe celui qui est si impatiemment attendu. La nuit, on allume, sur sa route, des feux de joie. Dans les théâtres, à Paris, les acteurs annoncent en scène la bonne nouvelle, et les représentations sont interrompues par des cris, des transports, des chants patriotiques. Au Conseil des Anciens, Lucien Bonaparte, quoique le plus jeune des députés, est porté par acclamations à la présidence.

En apprenant que le vainqueur des Pyramides est de retour, on cite des républicains, des *patriotes,* qui « meurent de plaisir » !

Le 10 octobre, Joséphine, dînant au Luxembourg chez Gohier, le président du Directoire, est informée du débarquement de son mari. S'apercevant que la nouvelle cause à son hôte plus de surprise que de joie :

« Président, lui dit-elle, ne craignez pas que Bonaparte vienne avec des intentions fatales à la liberté. Mais il faudra vous réunir pour empêcher que des misérables ne s'en emparent. Je vais au-devant de lui ; il est important pour moi que je ne sois pas prévenue par ses frères, qui m'ont toujours détestée. Au reste, ajouta-t-elle, en regardant la femme de Gohier, je n'ai rien à craindre de la calomnie, quand Bonaparte apprendra que ma société particulière a été la vôtre, et il sera aussi flatté que reconnaissant de l'accueil que j'ai reçu de votre maison pendant son absence. »

Se rassurant ainsi elle-même, Joséphine quitte

immédiatement Paris pour voler au-devant de son époux ; mais elle prend la route de Bourgogne, tandis que, lui, a pris celle du Bourbonnais, et elle ne pourra le rejoindre dans le trajet. Bonaparte arrivera avant elle à Paris.

XVII

LA RÉUNION DE BONAPARTE ET DE JOSÉPHINE

XVII

Bonaparte arrive à Paris le matin du 24 vendémiaire an VIII (16 octobre 1799). Il se rend directement rue de la Victoire et n'y trouve pas Joséphine. Cette maison vide lui suggère d'amères réflexions. Son esprit soupçonneux s'irrite et se passionne; ses frères, jaloux de l'influence de Joséphine, exploitent sa colère. Bonaparte, troublé, oublie un instant le pouvoir suprême dont il va se saisir et médite déjà des projets de séparation, de divorce.

De son côté, Joséphine est inquiète. Elle a voulu aller au-devant de son mari pour prévenir l'effet de dénonciations dirigées contre elle par la famille Bonaparte, mais elle n'a pu le rejoindre. Il est déjà depuis l'avant-veille dans son appartement désert, quand Joséphine y rentre. Son cœur bat. Retrouvera-t-elle le Bonaparte d'autrefois, ou sera-t-elle accueillie par un Bonaparte aigri, sombre, terrible?

Avec la rapidité de l'éclair, elle franchit le petit

escalier qui conduit chez lui : porte close. Elle frappe,
il n'ouvre pas ; elle appelle, elle pleure, elle prie,
elle implore, mais en vain. Brisée de fatigue, Joséphine va se retirer quand une de ses femmes lui dit :

« Faites venir votre fils et votre fille. »

Elle suit ce conseil. Eugène et Hortense arrivent. Ils
joignent leur voix à celle de Joséphine :

« Je vous en supplie... N'abandonnez pas notre
mère... Elle en mourra... Et nous, pauvres orphe-
lins, dont l'échafaud a pris le père, serons-nous pri-
vés de celui que la Providence nous avait envoyé
pour le remplacer? »

Bonaparte se décide enfin à ouvrir. Son visage est
encore sévère. Il fait des reproches, Joséphine
tremble. Se tournant du côté d'Eugène :

« Quant à vous, dit-il, vous ne porterez point le
poids des torts de votre mère. Vous serez toujours
mon fils ; je vous garderai près de moi.

— Non, mon général, répond le jeune homme ; je
dois partager la triste fortune de ma mère ; dès ce
moment, je vous fais mes adieux. »

Bonaparte commence à s'adoucir. Il presse Eugène
contre son cœur, et, voyant tomber à ses genoux
Joséphine et Hortense, il pardonne. Il pardonne, ses
yeux brillent de joie, et il se laisse persuader par
Joséphine, qui se justifie. On fait appeler Lucien, le
dénonciateur, et Lucien est témoin de la réconcilia-
tion des deux époux.

Le vainqueur des Pyramides fut sage de couper

court aux accusations de ses frères; d'ailleurs, son cœur était, cette fois, d'accord avec ses intérêts; Joséphine allait, de nouveau, être utile aux projets de son mari et jouer, en actrice consommée, son rôle dans la préparation du 18 brumaire.

Dès l'instant de son retour, Bonaparte s'est aperçu de la défiance du Directoire. Le jour même de son arrivée, il s'est rendu au Luxembourg avec Monge, ami de Gohier.

« Que je suis aise, mon cher président, dit Monge, de trouver la République triomphante!

— Je me réjouis également, dit Bonaparte, d'un air un peu embarrassé. Les nouvelles qui nous sont parvenues en Égypte étaient tellement alarmantes, que je n'ai pas balancé à quitter mon armée pour venir partager ses périls.

— Général, répond Gohier, ils étaient grands; mais nous en sommes glorieusement sortis. Vous arrivez à propos pour célébrer, avec nous, les glorieux triomphes de vos compagnons d'armes. »

Le lendemain, 25 vendémiaire, Bonaparte a fait une seconde visite au Directoire.

« Citoyens Directeurs, s'écrie-t-il, en mettant la main sur le pommeau de son épée, je jure que cette épée ne sera jamais tirée que pour la défense de la République et de son gouvernement. »

Gohier répond :

« Général, votre présence ranime dans tous les cœurs français le sentiment glorieux de la liberté. »

C'est aux cris de : « Vive la République! » que Bonaparte a été et devait être reçu. La cérémonie s'est terminée par « l'accolade fraternelle », mais l'accolade n'a été ni donnée ni acceptée *fraternelle-ment*.

Le moment de la crise est proche. Où Bonaparte cherchera-t-il son point d'appui? Du côté des révolutionnaires ardents ou du côté des modérés? Le chef des modérés, c'est l'un des Directeurs, Sieyès. Bonaparte a pour cet ancien abbé une répugnance instinctive; mais, comme il sent qu'il a besoin de lui, il finira par s'en servir. Moreau, célèbre par ses victoires, pourrait être son rival. Il se le concilie. Gohier nous racontera leur entrevue. Il a invité à dîner Bonaparte, Joséphine et Sieyès. En apercevant celui-ci dans le salon :

« Qu'avez-vous fait? dit Joséphine au bon Gohier, Sieyès est l'homme que Bonaparte déteste le plus. C'est sa bête noire. »

En effet, Bonaparte, pendant le dîner, ne dit pas un mot à Sieyès, il affecte même de ne pas le regarder. Sieyès sort de table furieux.

« Avez-vous remarqué, dit-il à l'amphitryon, la conduite de ce petit insolent envers le membre d'une autorité qui aurait dû le faire fusiller? »

Après le dîner, Moreau arrive. Les deux illustres généraux, qui se voient pour la première fois, paraissent aussi flattés l'un que l'autre de se rencontrer. C'est Bonaparte qui fait le plus d'avances.

Quelques jours après, il offre à Moreau, en signe
d'amitié, un sabre enrichi de diamants, et le 18 brumaire, il le décidera à être, au Luxembourg, le geô-
lier des Directeurs qui n'auront point voulu coopérer
au coup d'État.

Mme Bonaparte n'est jamais inutile à son époux. Ce
qu'il y a en lui de brusque, d'impérieux, est tempéré
par la douceur insinuante et persuasive de son
aimable compagne. Elle exercera une réelle influence
sur les victimes et les complices du coup d'État :
Barras, Gohier, Sieyès, Fouché, Moreau, Talleyrand. Qui sait? Sans l'habileté, sans le tact de Joséphine, Bonaparte ferait peut-être un éclat, se brouil-
lerait prématurément avec Barras, se démasquerait
trop tôt, et il n'aurait pas le temps d'organiser un
complot solidement tramé.

Le 8 brumaire (30 octobre), dînant chez Barras, il
a grand'peine à se contenir. Barras, imitant son
exemple, et, comme lui, jouant le désintéressement,
la fatigue, le mauvais état de santé, le besoin de
repos, parle de se retirer, et de faire mettre à la tête
du gouvernement un personnage obscur, le général
d'Hédouville. Bonaparte est sur le point d'éclater. Il
quitte avec colère les appartements de Barras, et, avant
de sortir du Luxembourg, il passe dans ceux de Sieyès.

« C'est avec vous, lui dit-il, avec vous seul que je
veux marcher. »

Et l'on convient de tout préparer pour le 18 ou le
20 brumaire.

En attendant, Bonaparte redouble d'astuce. Se disant fatigué des hommes et des choses, souffrant, très éprouvé par la transition brusque d'un climat sec à un climat humide, il se pose en Cincinnatus qui veut retourner à sa charrue et se dérobe à la curiosité publique, l'excitant d'autant plus qu'il a l'air de la fuir. S'il va au théâtre, c'est à l'improviste, dans une loge grillée. Sa mise est plus simple encore que de coutume. Au lieu d'un uniforme à galons où à épaulettes, il endosse la redingote grise, destinée à devenir légendaire. Il affecte de préférer à tous les autres entretiens les conversations scientifiques ou littéraires de ses collègues de l'Institut. Confiant de nature, et d'ailleurs circonvenu par Joséphine, l'austère Gohier ne veut pas croire aux projets illégaux d'un tel homme. Patriote et républicain dans l'âme, il s'imagine que, pour tout le monde, la Constitution de l'an III est l'arche sainte.

Pendant ce temps, Bonaparte combine ses manœuvres politiques, comme s'il faisait un plan de bataille. Chaque parti croit trouver en lui son soutien. Chaque parti se trompe. Bonaparte compte bien se servir de l'un deux, peut-être de tous, mais il n'en servira aucun. Comme il le dira plus tard à Mme de Rémusat, en se reportant à cette période de son histoire :

« Le Directoire frémit de mon retour ; je m'observai beaucoup ; c'est une des époques de ma vie où j'ai été le plus habile. Je voyais l'abbé Sieyès, et lui pro-

Hortense de Beauharnais.
(D'après J.-B. Regnault. — Phot. Braun et Cie.)

mettais l'exécution de sa verbeuse Constitution ; je recevais les chefs des Jacobins, les agents des Bourbons ; je ne refusais de conseils à personne, mais je n'en donnais que dans l'intérêt de mes plans. Je me cachais au peuple, parce que je savais que, lorsqu'il en serait temps, la curiosité de me voir le précipiterait sur mes pas. Chacun s'enferrait dans mes lacs, et, quand je devins le chef de l'État, il n'existait point, en France, un parti qui ne plaçât quelque espoir sur mon succès. »

L'heure approche où va se réaliser le vœu, la prédiction que faisait Suleau, en 1792, dans le numéro 9 de son journal, au milieu des soldats de Condé, à Coblentz :

« Je répète froidement que le dieu tutélaire que j'invoque pour ma patrie, c'est le despote, pourvu qu'il soit d'ailleurs homme de génie. C'est l'entière inflexibilité d'un Richelieu que je réclame ; il ne faut à un pareil homme que de la terre et des bras pour créer un empire. »

L'Empire se prépare. Le temps vient où la simplicité républicaine fera place à l'étiquette savante et raffinée des monarchies ; où la femme qui avait gémi, comme vicomtesse de Beauharnais, dans la prison des Carmes, sera entourée du luxe et de l'attirail d'une souveraine asiatique. C'en est fait, elle ne se nommera plus la citoyenne Bonaparte. On l'appellera Madame... en attendant qu'on l'appelle Impératrice et Majesté.

XVIII

LE PROLOGUE DU 18 BRUMAIRE

XVIII

LE PROLOGUE DU 18 BRUMAIRE

Quelques jours avant le 18 brumaire, Bonaparte se trouvait dans la propriété de son frère Joseph, à Mortefontaine. Voulant parler plus librement avec Regnault de Saint-Jean-d'Angély des événements qui se préparaient, il lui proposa de venir se promener avec lui à cheval. Comme les deux cavaliers galopaient, à bride abattue, le long des étangs, à travers les rochers, le cheval de Bonaparte, se heurtant contre une pierre que le sable recouvrait, s'abattit, et voilà le général lancé avec une violence effrayante à douze ou quinze pieds de sa monture. Regnault saute à bas de la sienne, court à lui, le trouve sans connaissance ; plus de pouls, plus de respiration ; il le croit mort. Ce n'était qu'une fausse alerte. Au bout de quelques minutes, Bonaparte, sans fracture, sans blessure, sans contusion, reprend connaissance et remonte à cheval.

« Ah ! général, s'écrie son compagnon, quelle peur vous m'avez faite ! »

Et Bonaparte dit en riant :

« Voici pourtant une petite pierre contre laquelle tous nos projets ont failli se briser. »

Cela était vrai : cette petite pierre pouvait changer le sort du monde.

La conjuration est organisée. Le dénouement approche. Conspirateur autant qu'homme de guerre, Bonaparte le prépare avec une finesse et une astuce tout italiennes. Avec quelle habileté il pressent l'opinion publique, en ayant l'air de ne pas vouloir d'un coup d'État, qui est son plus ardent désir. Depuis plusieurs jours, les officiers présents à Paris demandent à lui offrir leurs hommages. Il n'a pas encore consenti à les recevoir. Les officiers s'en plaignent. Et, dans le public, chacun de répéter : « Il n'en fera pas plus qu'à son retour d'Italie. Qui nous tirera du bourbier où nous sommes ? » Il s'entoure jusqu'au bout d'une société républicaine. Joséphine et lui redoublent de prévenances pour l'austère Gohier et sa femme. Et, en même temps, comme il sait adroitement évoquer les souvenirs de la Terreur, effrayer les imaginations, faire se dresser à l'horizon le spectre rouge, qui a toujours le don d'affoler le public !

Ainsi que l'a dit Edgar Quinet, le 18 brumaire sera l'accord de la peur et de la gloire. Chacun se trouble. On se croit menacé des éventualités les plus terribles : émeutes, proscriptions, échafauds. On se persuade que seul Bonaparte peut prévenir le retour de 1793. On le presse, on le supplie d'agir. Et lui, en agissant, semblera faire une concession à l'opinion publique. Le coup d'État est dans l'air. Bonaparte trouve partout des auxiliaires et des complices. Pour qu'il soit assuré de l'approbation générale, il ne lui faudra qu'une seule chose : le succès.

Dans la journée du 15 brumaire, Bonaparte assiste à un banquet par souscription, que lui offrent cinq à six cents membres des deux Conseils. « Jamais banquet civique, dira Gohier dans ses Mémoires, ne fit éclater moins de sentiments républicains. » Point de gaieté. Point de félicitations mutuelles. Le local est le temple de la Victoire, autrefois l'église Saint-Sulpice. On dirait qu'on ose à peine parler dans ce sanctuaire. Il semble qu'on cherche à s'interroger sur quelque pressentiment grave. Chacun observe et se sent observé. Assis à la droite de Gohier, président du Directoire, Bonaparte a l'air sombre et gêné. Il ne mange et boit que le pain et le vin apportés par son aide de camp. Craindrait-il d'être empoisonné ? Des toasts de commande, portés sans enthousiasme, sont répétés sans chaleur. Bonaparte ne reste même pas jusqu'à la fin du repas. Il se lève brusquement de table, dit quelques mots saccadés à plusieurs des principaux convives et se retire.

Arnault va nous montrer ce qui, le soir, se passe chez le général. Joséphine fait les honneurs de son salon avec plus de grâce que jamais. On y rencontre des hommes de tous les partis, des généraux, des députés, des royalistes, des Jacobins, des abbés, un ministre et le président même du Directoire. A voir l'air de supériorité du maître de la maison, ne dirait-on pas que c'est déjà un monarque au milieu de sa cour! Voici le ministre Fouché qui arrive et prend place sur le canapé, à côté de Mme Bonaparte.

GOHIER. — « Quoi de nouveau, citoyen ministre?

FOUCHÉ. — De neuf? Rien en vérité.

GOHIER. — Mais encore?

FOUCHÉ. — Toujours les mêmes bavardages.

GOHIER. — Comment?

FOUCHÉ. — Toujours la conspiration.

GOHIER (haussant les épaules). — La conspiration!

FOUCHÉ. — Oui, la conspiration! mais je sais à quoi m'en tenir. J'y vois clair, citoyen directeur; fiez-vous à moi; ce n'est pas moi qu'on attrape. S'il y avait conspiration depuis qu'on en parle, n'en aurait-on pas eu la preuve sur la place de la Révolution ou dans la plaine de Grenelle? (Fouché, en disant cela, éclate de rire.)

Mme BONAPARTE. — Fi donc, citoyen Fouché, pouvez-vous rire de ces choses-là?

GOHIER. — Le ministre parle en homme qui sait son affaire. Mais tranquillisez-vous, citoyenne, dire ces choses-là devant les dames, c'est penser qu'il n'y a pas lieu à les faire. Faites comme le gouvernement, ne vous inquiétez pas de ces bruits-là. Dormez tranquille. »

Bonaparte écoute en souriant.

La soirée se passe comme à l'ordinaire. Point d'agitation, point d'inquiétude sur les visages. Le salon se vide peu à peu. Fouché et Gohier prennent congé de Joséphine, qui remonte dans son appartement. Arnault reste le dernier. Voici sa conversation avec Bonaparte :

« Général, je viens savoir si la chose tient toujours pour demain, et recevoir vos instructions.

— La chose est remise au 18.

— Au 18, général?

— Au 18.

— Quand l'affaire est éventée! Ne voyez-vous pas que tout le monde en parle?

— Tout le monde en parle, et personne n'y croit. D'ailleurs, il y a nécessité. Ces imbéciles du Conseil des Anciens n'ont-ils pas des scrupules? Ils m'ont demandé vingt-quatre heures pour faire leurs réflexions!

— Et vous les leur avez accordées?

— Où est l'inconvénient? Je leur laisse le temps de se convaincre que je puis faire sans eux ce que je veux faire avec eux. Au 18, donc. Venez demain prendre le thé; s'il y a quelque chose de changé, je vous le dirai; bonsoir. »

Deux jours ne seront pas de trop pour terminer tous les préparatifs.

« Joséphine était dans le secret, dit le général de Ségur. Rien ne lui fut caché. Dans toutes les conférences dont elle fut témoin, sa discrétion, sa douceur, la grâce et l'adresse pleine d'à-propos de son esprit fin et mesuré intervinrent utilement. Elle justifia le retour de confiance en elle de Bonaparte. »

Le 16 et le 17, Bonaparte et ses adhérents achèvent l'élaboration de leur programme, qui est simple et ingénieux. Une disposition de la Constitution en vigueur, la Constitution de l'an III, autorise le Conseil des Anciens, en cas de danger pour la chose publique, à convoquer le Corps législatif (Conseil des Anciens et Conseil des Cinq-Cents) hors de la capitale pour le soustraire à l'influence de la multitude, et à choisir un général pour lui confier le commandement des troupes militaires destinées à protéger la législature. La Constitution stipule également qu'à partir du moment où la translation de résidence est votée par le Conseil des Anciens, toute discussion au sein des deux Conseils est interdite jusqu'à ce que cette translation soit effectuée. Telle sera la pierre angulaire pour l'édifice de la conjuration. Le prétendu danger public c'est une soi-disant conspiration jacobine qui, au dire des partisans de Bonaparte, menace le Corps législatif. On désigne le 18 brumaire comme le jour où le Conseil des Anciens devra voter la translation à Saint-Cloud et investir Bonaparte du commandement des troupes. Le Conseil sera convoqué pour 8 heures du matin, aux Tuileries, où se tiennent ses séances. Un orateur insistera sur les dangers du soi-disant complot jacobin, et, le vote de translation une fois rendu, le Conseil des Cinq-Cents, qui ne sera convoqué que pour 11 heures, n'aura qu'à s'y soumettre sans discussion.

Mais comment grouper, dès le matin et avant le vote, des troupes autour de Bonaparte, qui, pour réussir, a besoin de l'élément militaire dès le début de l'entreprise?

La 17e division, dont le chef-lieu est Paris, n'est pas sous ses ordres. Il n'est pas ministre de la guerre. Il n'a pas de commandement. Comment, sans éveiller les soupçons, réunir, sous les yeux mêmes du gouvernement, l'armée qui doit le renverser? Quel prétexte inventer pour rassembler un état-major dans l'hôtel de la rue de la Victoire et des régiments autour des Tuileries? Depuis plusieurs jours, les officiers de l'armée de Paris et de la garde nationale ont exprimé le désir de présenter leurs devoirs au général Bonaparte. On décide qu'il les recevra chez lui le 18 brumaire, à 6 heures du matin, et l'on explique cette heure matinale par un soi-disant projet de voyage du général. Trois régiments de cavalerie ont sollicité l'honneur de défiler devant lui. On les avertit qu'il les passera en revue à 7 heures du matin, le même jour. Pour se rendre de sa maison de la rue de la Victoire aux Tuileries, il lui faut une escorte de cavaliers. On prévient un de ses plus dévoués partisans, un Corse, le colonel Sébastiani, et on l'invite à être à cheval, à 5 heures du matin, rue de la Victoire, avec deux cents dragons de son régiment, le 9e. Sébastiani, sans prendre les ordres de ses supérieurs hiérarchiques, accepte cette mission. Avec un brillant état-major de généraux et d'officiers à cheval, précédés et suivis par les dragons d'escorte, Bonaparte se rendra le matin aux Tuileries au moment où le décret de translation aura déjà été voté par le Conseil des Anciens; il recevra le commandement en chef de toutes les troupes en garnison à Paris et dans les environs, et sera chargé de veiller sur les deux Conseils qui siégeront, le lendemain 19, à Saint-Cloud. Dans la journée du 18, on décidera Barras à donner sa démission; venant après celle de Sieyès et de Roger-Ducos, elle désorganisera le Directoire, qui, ne se trouvant plus composé que de deux membres, Moulin et Gohier, gardés à vue dans le palais du Luxembourg par le général Moreau, fera place à un gouvernement, dont la constitution est toute prête et dont Bonaparte sera l'âme. On espère que le Conseil des Cinq-Cents ne résistera pas à ces combinaisons, et que la révolution, se masquant sous des apparences légales, s'accomplira sans violence. Quoi qu'il en soit, Bonaparte ira jusqu'au bout. Si les Cinq-Cents lui refusent leur approbation, il est résolu de s'en passer. Les pièges sont tendus. La législature y tombera. Toutes les mesures sont prises. Les conjurés se disent : « A demain ! »

XIX

LA JOURNÉE DU 18 BRUMAIRE

XIX

LA JOURNÉE DU 18 BRUMAIRE

Il est 5 heures du matin. Sébastiani, colonel du 9ᵉ dragons, fait occuper le jardin des Tuileries et la place de la Révolution par huit cents hommes. Lui-même vient se ranger, avec deux cents dragons à cheval, devant l'hôtel de la rue de la Victoire. A 6 heures, on voit arriver Lefebvre, le commandant de la division militaire. Les ordres ont été envoyés aux divers régiments sans qu'il en ait été prévenu, et il s'étonne d'apercevoir les dragons de Sébastiani. Mais Bonaparte n'a pas de peine à le gagner à sa cause.

« Voici, dit-il, le sabre turc que je portais à la bataille des Pyramides. Acceptez-le, vous qui êtes l'un des plus intrépides soutiens de la patrie. Voulez-vous la laisser périr dans les mains de ces avocats qui la perdent ? »

Lefebvre, transporté de joie, s'écrie :

« S'il s'agit de cela, je suis prêt. Il faut jeter sur-le-champ tous ces avocats-là à la rivière. »

18

L'hôtel et le jardin se remplissent rapidement d'officiers en grand uniforme. Un seul est en bourgeois. C'est Bernadotte. Repoussant les séductions de Bonaparte :

« Non ! non ! dit-il, vous échouerez. Je vais ailleurs, où peut-être alors je vous sauverai. »

Huit heures viennent de sonner. Une femme entre : c'est la femme du président du Directoire, Mme Gohier. La veille au soir, son mari avait reçu le billet suivant apporté par le jeune Eugène de Beauharnais :

« Ce 17 brumaire, an VIII.

« Venez, mon cher Gohier, vous et votre femme, déjeuner avec moi demain, à 8 heures du matin. N'y manquez pas ; j'ai à causer avec vous de choses très intéressantes. Adieu, mon cher Gohier, comptez toujours sur ma sincère amitié.

« LA PAGERIE-BONAPARTE. »

L'heure matinale indiquée a paru suspecte à Gohier.

« Tu iras au rendez-vous, a-t-il dit à sa femme, et tu diras à Mme Bonaparte que je ne puis me rendre à son invitation, mais que, dans la matinée, j'aurai l'honneur de la voir. »

Bonaparte, voyant Mme Gohier arriver seule, fronce le sourcil :

« Quoi ! dit-il, le président ne vient pas ?

— Non, général, il ne lui est pas possible.

— Il faut absolument qu'il vienne. Écrivez-lui, madame, et je vais lui faire porter votre lettre.

— Je vais lui écrire, général, et j'ai des gens ici qui se chargeront de ma lettre. »

Mme Gohier prend la plume et adresse à son mari ce billet :

« Tu as bien fait de ne pas venir, mon ami ; tout ce qui se passe ici m'annonce que l'invitation était un piège. Je ne tarderai pas à te rejoindre. »

Dès que Mme Gohier a fait porter sa lettre, Mme Bonaparte vient à elle et lui dit :

« Tout ce que vous voyez doit vous faire pressentir, madame, ce qui doit infailliblement arriver. Je ne puis vous exprimer combien je suis désolée de ce que Gohier ne se soit pas rendu à mon invitation concertée avec Bonaparte, qui désire que le président du Directoire soit un des membres du gouvernement qu'il se propose d'établir. En lui envoyant ma lettre par mon fils, c'était assez lui marquer toute l'importance que j'y attachais.

— Je vais, madame, aller le rejoindre ; ma présence est de trop ici.

— Je ne vous retiendrai pas. En vous rendant auprès de votre mari, dites-lui qu'il réfléchisse bien, et réfléchissez vous-même avec lui sur le vœu que j'ai été autorisée à vous manifester... Employez, je vous en conjure, madame, toute votre influence pour l'engager à venir. »

Mme Gohier retourne au Luxembourg, et laisse Bonaparte au milieu des officiers de tout grade qui vont être les auxiliaires du coup d'État.

Que se passe-t-il alors aux Tuileries? Le Conseil des Anciens y est entré en séance à 8 heures. Cornet prend la parole. Il parle de conjuration, de poignards, de terroristes.

« Si le Conseil des Anciens, dit-il, ne met pas la patrie et la liberté à l'abri des plus grands dangers qui les aient encore menacées, l'embrasement devient général... On ne pourra plus en arrêter les dévorants effets. La patrie sera consumée... Représentants du peuple, prévenez cet affreux incendie, ou la République aura existé. Et son squelette sera entre les mains des vautours, qui s'en disputeront les membres décharnés! »

Ce langage déclamatoire produit un effet décisif. Le Conseil des Anciens, s'appuyant sur les articles de la Constitution qui autorisent, en cas de péril public, le changement de résidence du Corps législatif, décrète ce qui suit :

« Article premier. — Le Corps législatif est transféré dans la commune de Saint-Cloud ; les deux Conseils y siégeront dans les deux ailes du palais.

« Art. 2. — Ils y seront rendus demain, 19 brumaire, à midi. Toute continuation de fonctions, de délibération est interdite ailleurs et avant ce terme.

« Art. 3. — Le général Bonaparte est chargé de l'exécution du présent décret... Le général commandant la 17e division militaire, la garde du Corps législatif, les gardes nationales sédentaires, les troupes de ligne qui se trouvent dans la commune de Paris, sont mis immédiatement sous ses ordres.

« Art. 4. — Le général Bonaparte est appelé dans le sein du Conseil pour y recevoir une expédition du présent décret et prêter serment. »

Le vote à peine rendu, Cornet va l'annoncer à Bonaparte, rue de la Victoire. Il est environ 9 heures du matin. Le général, du haut du perron de son petit hôtel, harangue les officiers :

« La République est en danger, dit-il ; il s'agit de la secourir. »

Et, après avoir donné lecture du décret des Anciens, il s'écrie :

« Puis-je compter sur vous pour sauver la République ? »

On lui répond par des acclamations. Alors il monte à cheval et, suivi d'une brillante escorte, où l'on distingue Moreau, Macdonald, Lefebvre, Berthier, Lannes, Beurnonville, Marmont, Murat, il se rend aux Tuileries. Les dragons de Sébastiani ouvrent et ferment la marche.

Le peuple ignorant ce qui va se passer, il y a peu de monde autour du palais. Les grilles du jardin occupé par les troupes sont fermées. Le temps est magnifique. Le soleil fait reluire les casques et les baïonnettes. Bonaparte traverse le jardin, et, mettant pied à terre en face du pavillon de l'Horloge, il se présente devant le Conseil des Anciens, dont la barre lui est ouverte.

« Citoyens représentants, s'écrie-t-il, la République allait périr ; votre décret vient de la sauver ! Malheur à ceux qui voudraient s'opposer à son exécution ! Aidé de tous mes compagnons d'armes rassemblés autour de moi, je saurai prévenir leurs efforts. On cherche en vain des exemples dans le passé pour inquiéter vos esprits. Rien dans l'histoire ne ressemble au xviiie siècle, et rien dans ce siècle ne ressemble à sa fin. Nous voulons la république ; nous la voulons fondée sur la vraie liberté, sur le régime représentatif. Nous l'aurons, je le jure en mon nom et au nom de mes compagnons d'armes. »

Un seul député fait remarquer que dans ce serment la Constitution ne figure pas. Le président, voulant éviter à Bonaparte un parjure par trop scandaleux, retire au député la parole et lève la séance.

Bonaparte redescend dans le jardin et passe en revue les troupes, qui poussent des acclamations enthousiastes.

Il est 11 heures. C'est l'heure fixée pour la convocation du Conseil des Cinq-Cents. Les députés de ce Conseil apprennent avec indignation le décret des Anciens. Mais leur président, Lucien Bonaparte, leur ferme la bouche. La Constitution est formelle. Toute délibération est interdite. Il n'y a plus qu'à se donner rendez-vous à Saint-Cloud pour le lendemain matin.

Des cinq directeurs, deux, Sieyès et Roger-Ducos,

ont déjà donné leur démission ; le troisième, Barras, sur les instances de Bruix et de Talleyrand, vient d'imiter cet exemple et de partir, sous escorte, pour sa terre de Grosbois. Les deux autres, Gohier et Moulin, tentent un dernier effort. Ils se rendent aux Tuileries et y trouvent Bonaparte dans la salle des inspecteurs du Conseil des Anciens. Après une vive altercation, ils retournent au Luxembourg, n'ayant rien obtenu.

Quelques instants auparavant, Bonaparte a lancé cette apostrophe à Bottot, secrétaire de Barras :

« Qu'avez-vous fait de cette France que je vous avais laissée si brillante ? Je vous ai laissé la paix, j'ai retrouvé la guerre ! Je vous ai laissé des victoires, j'ai retrouvé des revers ! Je vous ai laissé des millions d'Italie, j'ai retrouvé partout des lois spoliatrices et la misère !... Qu'avez-vous fait de cent mille Français que je connaissais, mes compagnons de gloire ? Ils sont morts ! Cet état de choses ne peut durer. Avant trois ans, il nous mènerait au despotisme. »

Mme de Staël a dit dans ses *Considérations sur la Révolution française :* « Bonaparte s'est chargé de hâter l'accomplissement de sa prédiction. Ne serait-ce pas une grande leçon pour l'espèce humaine si ces directeurs, hommes très peu guerriers, se relevaient de leur poussière et demandaient compte à Napoléon de la barrière du Rhin et des Alpes conquise par la République ; compte des étrangers arrivés deux fois à Paris; compte des Français qui ont péri depuis Cadix jusqu'à Moscou? »

Mais qui donc, le 18 brumaire, prédirait les désastres futurs? Les soldats de Bonaparte se croient invincibles pour toujours. Le militarisme triomphe. Les camps ont remplacé le Forum. Plus de bonnets rouges, des bonnets de grenadiers; plus de piques, des baïonnettes. Les Jacobins ont fait leur temps. Les ardentes diatribes du club du Manège restent sans écho. Le terrible Santerre n'est plus qu'un brasseur inoffensif. Les faubourgs sont calmés. C'est le bruit du tambour qui étouffe la voix des tribuns. Les hommes d'ancien régime eux-mêmes sont fascinés par la carrière des armes. Écoutez ce récit d'un jeune aristocrate, qui sera un jour le général de Ségur, historien des épopées de la grande armée :

« C'était à l'heure même où, dans les Tuileries, Napoléon, appelé par le Conseil des Anciens, commençait la révolution du 18 brumaire et haranguait la garnison de Paris, pour s'assurer d'elle contre l'autre Conseil. La grille du jardin m'arrêta. Je me collai contre elle; je plongeai d'avides regards sur cette scène mémorable. Puis je courus autour de l'enceinte; j'essayai toutes les entrées; enfin, parvenu à la grille du Pont-Tournant, je la vis s'ouvrir. Un régiment de dragons en sortit : c'était le 9ᵉ. Ces dragons marchaient vers Saint-Cloud, les manteaux roulés, le casque en tête, le sabre en main, et dans cette exaltation guerrière, avec cet air fier et déterminé qu'ont les soldats lorsqu'ils vont à l'ennemi, décidés à vaincre ou à périr. A cet aspect martial, le sang guerrier que j'avais reçu de mes pères bouillonna dans toutes mes veines. Ma vocation venait de se décider. Dès ce moment, je fus soldat ; je ne rêvai que combats et je méprisai toute autre carrière. »

Mme de Staël raconte que, le jour même du 18 brumaire, elle arrivait de Suisse à Paris. Comme elle changeait de chevaux à quelques lieues de la ville, on lui annonça que le directeur Barras venait de passer, retournant à sa terre de Grosbois, accompagné par des gendarmes. Les postillons, dit-elle, racontaient les nouvelles du jour, et cette façon populaire de les apprendre leur donnait encore plus de vie. C'était la première fois depuis la Révolution qu'on entendait un nom propre dans toutes les bouches. Jusqu'alors on disait : l'Assemblée constituante a fait telle chose, le peuple, la Convention ; maintenant on ne parlait plus que de cet homme qui devait se mettre à la place de tous. Le soir, la ville entière était agitée par l'attente de la grande journée du lendemain, et, sans aucun doute, la majorité des honnêtes gens, craignant le retour des Jacobins, souhaitait alors que le général Bonaparte eût l'avantage. Mon sentiment, je l'avoue, était fort mélangé. La lutte étant une fois engagée, une victoire momentanée des Jacobins pouvait amener des scènes sanglantes ; mais j'éprouvais néanmoins, à l'idée du triomphe de Bonaparte, une douleur que je pourrais appeler prophétique. »

Lui, satisfait de la journée, rentre dans sa maison de la rue de la Victoire, où il retrouve Joséphine heureuse et rassurée. Tous les préparatifs militaires sont achevés : Moreau occupe le Luxembourg, Lannes les Tuileries, Sérurier le Point-du-Jour, Murat le château de Saint-Cloud. Bonaparte s'endort avec le même calme que la veille d'une grande bataille

XX

LA JOURNÉE DU 19 BRUMAIRE

XX

LA JOURNÉE DU 19 BRUMAIRE

La révolution faite par Bonaparte s'appellera le
18 brumaire. Et cependant le 18 brumaire n'est qu'un
prélude. La journée décisive sera celle du 19. Mais
le 18 est encore la légalité, tandis que le 19 est la
violation de la loi. C'est pour cela que le vainqueur,
voulant s'excuser devant l'histoire, choisira le 18
comme la date officielle de son coup d'État.

La nuit s'est passée tranquillement ; les faubourgs
n'ont pas osé se soulever. Les habitants de Paris
assistent aux événements comme à un spectacle qu'ils
contemplent avec intérêt, mais sans passion.

Le 19, au matin, la route de Paris à Saint-Cloud
est couverte de troupes, de curieux, de voitures. On
prédit le succès de Bonaparte ; mais la chose n'est
pas sûre encore, et cette incertitude est un stimulant
de plus pour la curiosité publique. Il a été décidé que
chacun des deux Conseils entrerait en séance à midi.
Les représentants sont exacts, et, un peu avant midi,

Bonaparte, à cheval, est en face du château de Saint-Cloud, à la tête des troupes. Les Anciens doivent se réunir au premier dans la galerie d'Apollon, décorée par Mignard, et les Cinq-Cents à l'Orangerie. Mais les préparatifs d'installation n'ont pas été terminés à l'heure dite, et les séances ne pourront commencer qu'à 2 heures de l'après-midi. En attendant, les députés se promènent dans les cours et dans le parc. Les dispositions que témoignent les Cinq-Cents ne sont rien moins que favorables à Bonaparte. Lui, fâché du retard, va et vient, donnant des ordres multipliés et ne cachant pas son impatience.

Il est 2 heures. Les séances des deux Conseils sont ouvertes. Celle des Anciens débute par des préliminaires sans importance. Celle des Cinq-Cents commence par le déchaînement des passions. C'est Lucien Bonaparte qui préside. Gaudin demande qu'une commission de sept membres soit nommée pour faire un rapport sur les mesures de salut public qu'il conviendrait de prendre. Des murmures hostiles se font entendre. De sa place, Delbel s'écrie :

« Avant tout la Constitution ! La Constitution ou la mort ! Les baïonnettes ne nous effraient pas ; nous sommes libres ici ! »

Une clameur formidable retentit :

« Point de dictature ! A bas les dictateurs ! »

Grandmaison demande qu'à l'instant même tous les membres du Conseil des Cinq-Cents soient tenus de renouveler leur serment de fidélité à la Constitution de l'an III. La proposition est adoptée avec enthousiasme. On procède à l'appel nominal pour la prestation du serment par chaque député. Lucien Bonaparte lui-même jure fidélité à cette Constitution qu'il va détruire.

Une lettre de Barras lui arrive. Au milieu de la curiosité générale, un secrétaire donne lecture de cette lettre par laquelle le directeur annonce sa démission, et qui se termine ainsi :

« La gloire qui accompagne le retour du guerrier illustre à qui j'eus l'honneur d'ouvrir le chemin, les marques éclatantes de la confiance que lui donne le Corps législatif et le décret de la représentation nationale, m'ont convaincu que quel que soit le poste où m'appelle désormais l'intérêt public, les périls de la liberté sont surmontés et les intérêts des armées garantis. Je rentre avec joie dans les rangs des simples citoyens, heureux, après tant d'orages, de remettre entiers et plus respectables que jamais les destins de la République, dont j'ai partagé le dépôt. »

Cette lettre excite la surprise, la colère. Sur cinq directeurs, trois ont donné leur démission. Le gouvernement est dissous. La résistance à Bonaparte n'a plus de point d'appui. Grandmaison dit à la tribune :

« Avant tout, il faut savoir si la démission de Barras n'est pas l'effet des circonstances extraordinaires où nous nous trouvons. Je crois bien que, parmi les membres qui sont ici, il en est qui savent d'où nous sommes partis et où nous allons. »

Tandis que la séance des Cinq-Cents a commencé ainsi, que s'est-il passé aux Anciens? Bonaparte vient de s'y montrer, et il y a parlé en maître.

« Citoyens représentants, a-t-il dit, vous n'êtes point dans des circonstances ordinaires, mais sur un volcan. Déjà on nous abreuve de calomnies, moi et mes compagnons d'armes. On parle d'un nouveau Cromwell, d'un nouveau César. Si j'avais voulu d'un tel rôle, il m'eût été facile de le prendre au retour d'Italie... Sauvons les deux choses pour lesquelles nous avons fait tant de sacrifices : la liberté et l'égalité. »

Et comme un député lui criait :

« Parlez donc de la Constitution.

— De Constitution, a-t-il dit, vous n'en avez plus. C'est vous qui l'avez détruite, en attentant, le 18 fructidor, à la représentation nationale ; en annulant, le 22 floréal, les élections populaires ; en attaquant, le 30 prairial, l'indépendance du gouvernement. Cette Constitution dont vous parlez, tous les partis veulent la détruire. Ils sont tous venus me faire la confidence de leurs projets et m'offrir de les seconder. Je ne l'ai pas voulu ; mais, s'il le faut, je nommerai les partis et les hommes. »

Alors il a cité Barras. Puis le nom de Moulin lui a échappé. De bruyantes dénégations ont accueilli cette révélation inexacte.

Moins homme de parole qu'homme d'action, Bonaparte s'est un instant troublé. Le tumulte allait grandissant. Mais lui, n'essayant pas plus longtemps de persuader, a recours à la menace. Prenant le ton d'un protecteur qui se fait craindre de ceux qu'il protège, il dit :

« Environné de mes frères d'armes, je saurai vous seconder. J'en atteste ces braves grenadiers dont j'aperçois les baïonnettes, et que j'ai si souvent conduits à l'ennemi. Et si quelque orateur, payé par l'étranger, parlait de me mettre hors la loi, alors j'en appellerais à mes compagnons d'armes. Songez que je marche accompagné du dieu de la fortune et de la guerre. »

Le Conseil des Anciens répond à cette apostrophe foudroyante en accordant respectueusement les honneurs de la séance à Bonaparte, et lui, sortant de la salle, est retourné au milieu de ses soldats ; il a fait écrire à Joséphine d'être tranquille, que tout allait bien.

Il apprend, en même temps, le déchaînement de colères qui a fait explosion au Conseil des Cinq-Cents. Alors il se fait suivre par une compagnie de grenadiers, et, la laissant à la porte de la salle, il en franchit le seuil, s'avançant seul, le chapeau à la main. C'est le moment où Grandmaison, à la tribune, parle de la lettre de Barras. Il est 5 heures du soir. Des lampes éclairent l'Orangerie. A l'aspect de Bonaparte, les Cinq-Cents poussent un long cri d'indignation :

« A bas le dictateur ! A bas le tyran ! »

On se précipite au-devant du général ; on le presse ;

19

on l'apostrophe ; on le repousse quelques pas en arrière. Plusieurs bras lèvent des poignards et le menacent. C'est, dira-t-il lui-même plus tard, le plus grand danger qu'il ait jamais couru. Il est préservé par Beauvais, député normand d'une force herculéenne, qui écarte de lui les assaillants et le remet aux grenadiers qui viennent à son secours. Un de ses soldats, le grenadier Thomé, a son habit percé d'un coup de poignard. Le tumulte est indescriptible. L'Orangerie a l'air d'un champ de bataille.

Lucien essaie en vain de justifier son frère. On crie :

« Hors la loi ! Hors Bonaparte et ses complices ! »

Le bureau est envahi.

« Marche, président, dit un député, mets aux voix le *hors la loi.* »

Lucien descend de l'estrade. On l'accable de reproches :

« Reprends ton fauteuil. Ne nous fais pas perdre de temps ! Aux voix le hors la loi, le dictateur ! »

Debout, au pied de la tribune, il aperçoit l'un des inspecteurs, le général Frégeville.

« Faites avertir mon frère, lui dit-il, que j'ai été réduit à abandonner le fauteuil. Demandez-lui de requérir la force armée pour protéger ma sortie. »

Frégeville court prévenir le général Bonaparte qui, défendu par les grenadiers, vient de quitter l'Orangerie, est remonté à cheval, disant aux soldats que des conspirateurs ont failli l'assassiner. Les troupes acclament leur général, agitent les armes. Il n'a qu'un mot à dire, et les Cinq-Cents seront dispersés. Ce mot, il hésite encore à le prononcer. Lui, l'homme de toutes les audaces, il se trouble, il ressemble à César, tel que le poète Lucain le montre, indécis devant le Rubicon.

Pendant ce temps, le tumulte augmente à l'Orangerie. Après deux discours, l'un de Bertrand (du Calvados), l'autre de Talet, tous deux hostiles à Bonaparte, Lucien prend la parole :

« Je ne viens pas, dit-il, m'opposer directement à la proposition (la mise hors la loi); mais il est temps de faire observer au Conseil que les soupçons élevés si légèrement ont amené de bien tristes excès. Une démarche, même irrégulière, pourrait-elle faire oublier si vite tant de hauts faits, tant de services rendus à la patrie? »

Des murmures interrompent Lucien. On crie :

« Le temps passe. Aux voix la proposition !

— Non, reprend Lucien, vous ne pouvez voter une pareille mesure avant d'entendre le général; je demande qu'il soit appelé à la barre... Ces interruptions intempestives qui étouffent la voix de vos collègues sont indécentes. Elles continuent, elles augmentent. Je n'insisterai donc pas davantage. Quand le calme sera rétabli parmi vous, quand l'inconvenance extraordinaire qui s'est manifestée aura complètement disparu, vous rendrez justice vous-mêmes à qui elle est due, dans le silence des passions. »

Les cris deviennent tellement violents que Lucien ne peut plus tenir tête à l'orage. Alors se dépouillant de sa toge et la déposant sur la tribune :

« Il n'y a plus ici de liberté, s'écrie-t-il. N'ayant plus le moyen de me faire entendre, vous verrez au moins votre président, en signe de deuil public, déposer ici les marques de la magistrature populaire. »

« Chose lamentable, a dit Edgar Quinet, dans son livre *la Révolution*, chose lamentable que cette dernière Assemblée déjà menacée, enveloppée, dénoncée, sous la pointe des épées, et qui n'a pour se défendre contre les armes des soldats que les armes émoussées de la conscience, de nouveaux serments, un appel nominal, des promesses de mourir, des clameurs et ces vaines protestations par lesquelles une Assemblée, abandonnée de la nation au moment du péril, trompe le désespoir et amuse sa dernière heure. Il y eut là quelques moments d'attente indescriptibles, où l'histoire est suspendue entre deux destinées contraires : la liberté ne trouvant aucune issue pour se sauver, et le général, embarrassé d'en finir, n'osant encore usurper à ciel ouvert. »

Lucien, après avoir déposé sa toge, vient de renoncer à la parole. Il aperçoit la compagnie de grenadiers qu'il a fait demander à son frère. A l'officier qui la commande, et qui lui dit :

« Citoyen président, nous voici par l'ordre du général. »

Il répond à haute voix :

« Nous vous suivrons, ouvrez-nous le passage. »

Et, se retournant vers le vice-président, il lui fait signe de lever la séance. Sorti de l'Orangerie, il se précipite dans la cour, où il trouve son frère, immobile et silencieux, à cheval, au milieu de groupes de soldats.

« Un cheval pour moi, s'écrie-t-il, et un roulement de tambour ! »

En un clin d'œil, il prend la monture d'un dragon, et, après un roulement de tambour suivi d'un profond silence :

« Citoyens soldats, dit-il avec colère, moi, le président du Conseil des Cinq-Cents, je vous déclare que l'immense majorité de ce Conseil est en ce moment sous la terreur de quelques représentants à stylets. Ces brigands, sans doute soldés par l'Angleterre, veulent mettre hors la loi votre général. Chargé de l'exécution du décret des Anciens, contre lequel ils sont en révolte, au nom du peuple, j'en appelle aux guerriers ! Citoyens soldats, sauvez les représentants du peuple des représentants du poignard, et que la majorité du Conseil soit délivrée du stylet par les baïonnettes ! Vive la République ! »

A ce cri, les soldats répondent par celui de « Vive Bonaparte ! »

Et Lucien, agitant une épée, s'écrie :

« Je jure de percer avec cette épée le sein de mon propre frère, si jamais il portait atteinte à la liberté française. »

Le général n'hésite plus. Il donne ordre aux grenadiers commandés par Murat et Leclerc d'envahir la salle des Cinq-Cents. Le tambour bat. Son bruit, de même qu'il étouffa la voix de Louis XVI, étouffe celle des représentants du peuple. En un instant la salle est vide. Les députés s'échappent en sautant par les fenêtres de l'Orangerie dans le jardin. Un seul se cramponne à son siège en disant qu'il y veut mourir. On le raille, et lui aussi finit par s'enfuir comme les autres.

A Paris, on attend avec impatience les nouvelles. Tantô on y répand le bruit que Bonaparte est proscrit, hors la loi ; tantôt qu'il est vainqueur, que les Cinq-Cents sont dispersés. Écoutons Mme de Staël nous décrire les diverses impressions par lesquelles elle passa, dans cette journée mémorable :

« Un de mes amis, présent à la séance de Saint-Cloud, m'envoyait des courriers d'heure en heure. Une fois il me manda que les Jacobins allaient l'emporter, et je me préparais à quitter de nouveau la France ; l'instant d'après, j'appris que le général Bonaparte avait triomphé, les soldats ayant dispersé la représentation nationale ; et je pleurai, non la liberté, — elle n'exista jamais en France, — mais l'espoir de cette liberté sans laquelle il n'y a pour ce pays que honte et que malheur ! »

Pendant toute la journée, Mme Bonaparte la mère a été fort inquiète, bien que très calme en apparence. Trois de ses fils se trouvaient engagés dans la lutte, et, en cas d'échec de Napoléon, voués tous trois à la proscription et au supplice. Cependant elle cachait, avec son énergie habituelle, ses émotions maternelles. Le soir, alors que le résultat définitif des séances de Saint-Cloud demeurait encore inconnu, elle eut le courage de se rendre, avec ses filles, au théâtre à la mode, le théâtre Feydeau, où l'on jouait l'*Auteur dans son ménage*. Pendant la représentation, quelqu'un s'avança sur la scène et dit à très haute voix :

« Citoyens, le général Bonaparte a manqué d'être assassiné à Saint-Cloud par les traîtres à la patrie ! »

Mᵐᵉ Leclerc poussa un cri d'effroi. Il était 9 heures et demie du soir. Alors Mᵐᵉ Bonaparte et ses filles quittèrent le théâtre et se rendirent en toute hâte rue de la Victoire, où elles trouvèrent Joséphine, qui les rassura.

La famille Bonaparte n'a plus rien à craindre. Toute résistance est désormais impossible soit à Paris, soit à Saint-Cloud. Les soldats de celui qui va être le premier consul ressemblent à des vainqueurs qui campent, la nuit, sur le champ de bataille. A 11 heures du soir, il appelle son secrétaire.

« Je veux, lui dit-il, dès demain, à son réveil, occuper de moi toute la capitale. Écrivez ! »

Et il lui dicte une de ces proclamations à effet, dont il a le secret pour agir sur les masses. Il donne au coup d'État une trompeuse apparence de légalité. Les deux Conseils viennent de se réunir en séance de nuit. La plupart des Cinq-Cents ne sont point là. Peu importe! La minorité sera prise pour une majorité. Bonaparte, Sieyès et Roger-Ducos sont nommés consuls et chargés de préparer une nouvelle Constitution, avec l'aide de deux commissions législatives. Soixante et un députés des Cinq-Cents, coupables d'avoir voulu faire respecter ia loi, sont déclarés incapables de représenter désormais le peuple. Lucien met fin par cette harangue à la séance de nuit :

« La liberté française est née dans le Jeu de Paume de Versailles. Depuis cette immortelle séance, elle s'est traînée jusqu'à nous, en proie tour à tour à l'inconséquence, à la faiblesse et aux maladies convulsives de l'enfance. Elle vient aujourd'hui de prendre la robe virile. A peine venez-vous de l'asseoir sur la confiance et l'amour des Français, et déjà le sourire de la paix et l'abondance brillent sur ses lèvres. Représentants du peuple, entendez les bénédictions du peuple et de ses armées, longtemps le jouet des factions, et que tous leurs cris pénètrent jusqu'au fond de vos âmes! Entendez aussi le cri sublime de la postérité! Si la liberté naquit dans le Jeu de Paume de Versailles, elle fut consolidée dans l'Orangerie de Saint-Cloud. Les constituants de 89 furent les pères de la Révolution, mais les législateurs de l'an VIII seront les pères et les pacificateurs de la patrie. »

Rien de plus facile en ce monde que de montrer sous des couleurs brillantes toute entreprise qui réussit. En brumaire, comme en fructidor, la force a primé le droit, et la force a toujours d'innombrables adorateurs. C'en est fait, la partie est gagnée. Il est 3 heures du matin. Bonaparte monte en voiture et retourne de Saint-Cloud à Paris.

La République n'existe plus que de nom. Les institutions disparaissent. Un homme reste. Bonaparte, premier consul, sera plus qu'un souverain constitutionnel, et bien des reines n'ont pas autant d'influence et de prestige que sa femme.

Et cependant la période vraiment républicaine de la carrière des deux époux aura été la plus belle de leur existence. C'est alors que la citoyenne Bonaparte aura servi, avec une rare habileté, les intérêts de son ambitieux époux. Sans elle, aurait-il obtenu des résultats si surprenants? N'est-ce pas elle qui lui a valu l'appui de Barras, et lui a fait avoir, à vingt-six ans, le commandement en chef de l'armée d'Italie; elle, qui lui a été aussi utile à Milan qu'à Paris, qui lui a concilié, tour à tour, la haute société italienne et la haute société française; elle, qui pendant l'expédition d'Égypte, a pu amortir la jalousie du Directoire; elle, qui a su se faire bien venir des royalistes et des républicains?

C'est elle encore qui, le matin du 18 brumaire, couvrira de fleurs l'épée de Bonaparte et qui, dans un billet parfumé, adressé à Gohier, cachera un piège. Le mouvement est irrésistible; les sourires de Mme Bonaparte achèveront l'œuvre de son époux.

A l'origine, Bonaparte était républicain et Joséphine légitimiste. Ils deviendront impérialistes en étant l'un empereur, l'autre impératrice. Mais les pompes monarchiques ne leur feront pas oublier les débuts républicains, et, plus d'une fois, sous les lambris d'or des palais impériaux, la bonne Joséphine regrettera le modeste foyer de la rue de la Victoire. Comme la France elle-même, Joséphine perdra en liberté ce qu'elle gagnera en grandeur.

Déjà l'on voit s'organiser cette réunion de flatteurs qu'on pouvait dès lors appeler la cour. Les modes et les idées du passé vont reparaître. Bien des innovations républicaines ne dureront pas plus que le nouveau calendrier. Mais, viennent tous les succès, toutes les richesses, toutes les grandeurs, Joséphine ne se souviendra pas sans émotion du temps de la République. Alors elle était jeune, et nul trésor ne remplace la jeunesse; alors elle avait l'espérance, et l'espérance n'est-elle pas souvent plus séduisante que la réalité? Impératrice et reine, l'ancienne vicomtesse de Beauharnais regrettera sans doute l'époque où, au milieu d'une société républicaine, elle n'avait d'autre nom que celui de citoyenne Bonaparte.

FIN

TABLE

—

36937. — TOURS, IMPRIMERIE MAME